KB118872

만일 내가 그때
내 말을 들어줬더라면

예일대 정신과 나종호 교수의 자기 공감 수업

만일 내가 그때
내 말을 들어줬더라면

If only I had listened to myself then

나종호 지음

다산북스

추천의 글

나종호 교수의 『만일 내가 그때 내 말을 들어줬더라면』은 자기계발서와 에세이의 경계를 넘어 독자의 마음속으로 깊이 스며든다. 저자는 젊은 시절에 겪은 아픔을 거침없이 펼쳐 보인다. 남들이 부러워할 만한 것들을 가졌지만, 불안과 우울의 그림자에 휩싸였던 순간들. 그의 솔직한 고백은 마치 오랜 친구가 털어놓는 속내 이야기처럼 들린다.

정신과 의사로서의 전문성과 한 인간으로서의 솔직함이 어우러진 이 책은 독자들에게 자신과 타인을 바라보는 새로운 렌즈를 선사한다. 우리는 불완전한 존재이며 그렇기에 아름답다고. '완벽해야 한다'는 무거운 짐을 짊어진 현대인들이 세상을 새로운 시각으로 볼 수 있도록.

이 책이 가진 또 하나의 장점은 개인의 이야기를 넘어 우리 사회의 근원적인 문제들을 예리하게 짚어낸다는 점이다. 이를테면 자살 문제에 대한 저자의 통찰은 한 줄기 빛과 같이 어두운 현실을 밝힌다.

'취약성'을 드러내는 용기, 타인과의 진정한 연결, 공감의 힘 등 저자가 전하는 메시지들은 현대 사회에서 더욱 빛을 발한다. 그의 말처럼, 우리가 서로에게 '책'이 되어준다면 우리 사회는 한층 더 따뜻하고 포용적인 정원으로 변모할 것이다. 『만일 내가 그때 내 말을 들어줬더라면』은 우리 시대에 꼭 필요한 공감과 연결의 메시지를 전하는 귀중한 선물이다.

– **정희원**(서울아산병원 노년내과 교수)

8만 명의 노숙자가 사는 뉴욕의 정신과 응급실에서 단련된 나종호는, 그 자신의 연약함으로 대도시의 약자들의 이야기를 흡수해 왔다. 환자의 믿음이 의사의 전문성을 만든다고 그는 믿었다. 의학적 해결 방식을 가진 전문가임에도 환자를 구제해야 할 '문제적 인간'이 아니라, 존재 그 자체로 고맙게 동등하게 바라보는 마음은 그를 '결이 다른' 의사로 만들었다.

오랜 시간, 해결사이기에 앞서 공감자였음을 증거하는 나종호의 낮고 선한 겹눈에서 나는 깊은 동지애를 느꼈다. 그 자신, 크게 성취했으되, 그 성취에 동행한 자신의 고유한 '취약성'을 억압하지 않았으므로, 아픈 사람들의 믿을 만한 동행자가 될 수 있었으리라.

『만일 내가 그때 내 말을 들어줬더라면』은 '약해질 용기'에 관한 책이다. 행복과 완벽만을 추구하는 숨 막히는 세상에서, 나만의 고유한 '슬픔이'와 '불안이'를 꺼내 커밍아웃 하면, 어떤 일이 벌어지는가에 관한 희망적인 임상 기록이다. 그가 먼저 손들고 약함을 공유해 주어서 고맙다. 시시때때로 요동치는 심장으로 견뎌온 젊은 날 '범불안장애의 시간'을, 아시안 이민자로 통과한 인정 강박의 순간과 더 많이 공감받았던 기억을.

전작인 『뉴욕 정신과 의사의 사람 도서관』이 속 깊은 어린이가 아픈 친구를 염려하며 쓴 일기 같았다면, 이번 책 『만일 내가 그때 내 말을 들어줬더라면』은 순진한 청년이 자기 인생을 재료로 쓴 다정한 처방전 같다. 친구와 의사 사이 어딘가에서 발화된 소박한 말투는 편견의 티끌이 없어 읽는 내내 문장의 채도가 높았다. 진정한 의사의 길을 가고자 하는 건실한 젊은이, 수용받지 못해 배회하는 모든 외로운 이웃에게 이 책을 권한다.

— 김지수(마인즈 커넥터, 『이어령의 마지막 수업』 저자)

'고백은 힘이 세다.'

이 책을 읽으며 가장 먼저 그런 생각을 했습니다. 완벽해 보이는 정신과 의사의 자기 고백은 우리에게 위로가 되고 용기를 줍니다.

현실에 시달리고 스스로 상처받는 우리. 사는 게 힘들고 되는 일 없을 때면 우리는 자기 비하를, 내 탓을 하곤 합니다. 다들 잘 버티는데 내가 못나서라고, 우울감을 느끼는 건 나약한 것이라고.

하지만 불안장애와 무력감을 겪었던 그는 우리에게 이렇게 말합니다. '누구나 아플 자격이 있다.' 그리고 자신이 들었던 위로를 들려줍니다. '내가 너였더라도 그랬을 거야.'

나에게, 당신에게 건네는 말입니다.

- 이금희(방송인)

초고속 트레드밀 위에 선
당신에게

"왜 서울대 의과대학까지 나와서 미국에 갔어요?"

처음 만나는 사람들로부터 생각보다 자주 받는 질문이다. '더 넓은 세상을 보고 싶었어요', '세계 일류의 의학을 배우고 싶었어요'와 같은 멋진 대답을 하고 싶은 마음도 있지만, 솔직히 말하면 그 당시의 나는 한국에서 도망치고 싶다는 마음이 더 컸던 것 같다. 한국에서의 생활이, 끝없는 경쟁 사회가 나에게는 너무 힘들고 버거웠으므로.

학창 시절, 나는 우리나라가 최대 속도로 달리는 트레드밀과 같은 사회라는 생각을 했다. 잠깐이라도 멈칫하면 레인에서 밀려나는 사회. 한 번 밀려나면 어지간한 노력이나 운이 없는 이상 레인에 다시 올라타기도 힘든 사회. 떨어져서, 혹은 다시 올라타다가 다치는 일도 다반사인 사회. 사실 의과대학 시절 유급만 하지 않았다 뿐이지, 나는 이미 정신적으로 트레드밀에서 미끄러진 상태였는지도 모른다.

물론 도망친 곳에 낙원은 없었다. 미국에서 이민자로 사는 것은 또 다른 차원의 힘듦의 연속이었다. 특히 미국에 간 첫 5년, 타지 생활에 적응하면서 레지던트 수련을 받는 동안은 때로 너무 고통스러워서 한국으로 돌아가고 싶다는 생각이 들기도 했다. 주 60시간 이상 일해야 하는 수련의 생활이 힘든 것도 힘든 것이지만, 이와 더불어 문화적, 언어적 장벽 또한 넘어야 하는 이민자인 내 개인적 상황의 특수성 탓이 컸다.

5년의 세월이 지나며 새로운 사회에도 점차 적응이 되었고, 차츰 주위를 둘러볼 수 있는 여유가 생기기 시작했다. 그리고 과거를 돌이켜보니 너무나 힘들었던 나의 20대 시절이 마음 아프게 와닿았다. 그 당시의 나는 끊임없이 열심히 살면서도 뭔가 일이 잘 풀리지 않으면 어김없이 내 탓을 하곤 했다. 아무것도 안 하고 가만히 있으면 나만 뒤처지는 것 같아 불안감이 엄습했고, 마음 편히 쉴 수조차 없었다. 그래서 나는 한국에 있을 때 감기에 걸리면 좋아했다. 그냥 쉬면 '최선을 다하지 않는다'는 죄책감이 들지만 아파서 쉬면 '아프니까 어쩔 수 없어'라며 나의 쉼을 정당화할 수 있기 때문이었다.

외국에 나와서 한국에서는 만날 수 없었던 다양한 사람들을 만났다. 친구나 동료로 만난 또래들이야 주로 의학계나 학계에 몸담거나 혹은 회사에 다니는 경우가 많았지만, 환자로 만난 사람들은 무척이나 다양한 배경을 가지고 있었다. 중고등학생과 대학생부터 버스 기사, 성 노동자, 대기업의 임원에 이르기까지.

이들의 삶을 배워가며 느낀 게 하나 있다. 바로 트레드밀이 작동하는 속도의 차이. 즉, 한국에서 사는 한국 사람들처럼 열심히 사는 경우를 찾기가 힘들다는 점이다. 경제적으로 어려운 사람이든, 사회적으로 성공해 풍요롭게 사는 사람이든 간에 한국 사람들처럼 밤잠을 일부러 줄여가며 공부하고 일하는 경우는 정말 손에 꼽을 정도로 드물었다. 아니, 단 한 명도 만나지 못했다. 그럼에도 여전히 많은 한국인이 스스로의 힘듦을 개인의 문제로 탓하는 현실이 아쉬웠다. 누가 봐도 열심히 살고 있는데 자신의 노력이 부족하다고 자책하는 사람들이 많아 마음이 아팠다.

첫 책『뉴욕 정신과 의사의 사람 도서관』을 낸 후에 많은 후기를 접했다. 후기의 내용은 다양했다. 눈물을 하염없이 흘렸다는 감사한 호평부터 책이 별 내용도 없고 너무 짧아 사기를 당한 것 같다는 적나라한 비판까지. 사실 내용을 떠나 어떤 형태로든 후기를 써준다는 것은 참으로 감사한 일이다. 하고많은 책 중 나의 책을 골라 읽어주는 것 자체만으로도 감사한데 거기에 추가적으로 수고를 들인 것이니 말이다. 책을 쓴 큰 목적 중 하나가 정신 질환을 앓는 분들에 대한 사회적 낙인과 선입견을 조금이라도 줄이기 위해서였으므로, 환자 사례를 접하며 눈물을 흘렸다는 후기는 솔직히 말하자면 나의 집필 의도에 가장 근접한 반응이었다.

하지만 생각 외로 책이 '위로가 되었다'는 후기도 많았다.

지속적 애도장애를 경험한 할아버지의 이야기를 통해 사랑하는 사람을 잃은 마음을 위로받았다는 사람들도 있었고, 환자들을 바라보는 따뜻한 시선이 위로가 되었다는 후기도 자주 접했다. 그럴 때마다 알 수 없는 뭉클함을 느꼈다. 환자들에게 우리의 만남이 '힘든 마음에 위로가 되었다'는 말은 정신과 의사로서 참으로 듣고 싶은 칭찬이다. 나는 그렇게 첫 책을 통해, 진료실에서 일대일로 전하던 위로를 책으로는 불특정 다수의 더 많은 독자들에게 전할 수 있음을 깨달았다.

그래서 두 번째 책은 본격적으로 '위로가 되는 책'을 쓰겠다고 마음먹었다. 하지만 어떻게? 이미 서점에 산적해 있는 수많은 힐링 서적과 내 책이 다를 수 있는 지점은 어디일까. 그 질문 앞에서 선뜻 답을 할 수가 없어서 책 계약을 앞두고 여러 달을 고민했다. 위로를 주고 싶긴 하지만 섣부른 위로는 건네고 싶지 않았다. 책을 덮은 후 다시 현실 앞에 서면 쉽게 잊히는 허울뿐인 위로는 아니길 바랐다. 그래서 두 번째 책을 내는 과정은 첫 번째 책 때보다 훨씬 힘들었다. 만약에 내 위로가 독자들에게 닿지 못한 채 공허한 메아리로 끝나면 어쩌지, 목적을 잃어버린 파편들로 남진 않을까 하는 두려움에 펜은 자주 멈추었다. 사실 한국 사회에서 사람들이 힘들어하는 데는 사회문화적, 구조적 요인이 커다란 부분을 차지하고 있다고 생각하기에 정신과 의사로서 한 개인에게 위로를 건네는 내 책이 과연 어떤 도움이 될 수 있을까 계속 자문하게 되었다.

수없이 많은 고민 끝에 나온 결론은 나의 약한 모습을 가감 없이 보여주자, 즉 나의 '취약성vulnerability'을 솔직하게 드러내자는 것이었다.

'취약성'의 사전적 의미는 '타인으로부터 상처받거나 공격받기 쉬운 특성'이지만, 보다 최근에 와서는 취약성을 타인에게 드러내는 것, 즉 '불확실성과 거절의 두려움에도 불구하고 자신의 진솔함을 드러내고 표현하는 것'과 같은 개념이 더 큰 주목을 받고 있다. 취약성을 드러내는 행위는 사람 간의 친밀함과 믿음을 더 굳건하게 만들고 궁극적으로 나와 타인의 연결고리가 되기 때문이다. 취약성을 내보임으로써 우리는 자신과 타인을 더 잘 이해하고 공감할 수 있고, 서로를 용서하고 용서받을 수 있으며 마침내 연결될 수 있다. 그래서 나는 취약성이야말로 지금 우리 사회에 가장 필요한 개념이라고 오랫동안 믿어왔다. 그래서 〈세바시(세상을 바꾸는 시간 15분)〉라는 방송을 통해서도 취약성에 대해 두 번에 걸쳐 강연을 한 바 있으며, 이와 관련된 여러 글을 개인 SNS에 올리기도 했다.

하지만 그런 이야기를 할 때마다 '우리나라는 그러면 약점 잡히는 사회다'라는 지적을 많이 받았다. 어쩌면 당연하다는 생각도 들었다. 우리는 어려서부터 감정을 드러내지 않는 것을 미덕으로 여기는 사회 분위기에서 교육받으며 성장해 왔고, 자라서는 모두가 어떻게든 완벽한 모습을 보여야 하는 사회에서 살아간다. 머리는 흐트러져 있으면 안 되고, 옷은 어디서든지 깔끔하되 센스 있게 입어야 하고, 액세서리는 너무 과해서도 부족해서도 안 된다. 이처럼 완벽주의를 강요하는 사회에서 개인은 자신의 취약성을 드러내지 않기 위해 필사적으로 노력할 수밖에 없다. 그러면서 우리는 자연히 모두 가면을 쓰고, 서로에게 진짜 자신을 보여주지 못하게 된다. 나 자신의 진짜 모습을 보여주지 못하니 궁극적으로는 치유의 기회마저 잃는다. 누군가에게 힘듦을 털어놓고, 위로를 받는 행위 자체가 불가능하므로. 그래서 나는 취약성에 대해 이야기하기로 마음먹었다.

우리나라가 타인의 취약성을 약점 잡는 사회가 아니라 취약성을 보듬어줄 수 있는 사회로 나아갈 때 비로소 개개인이 취약성을 나눌 수 있는 환경이 마련될 것이며, 우리는 마침내 서로 연결되고 치유받을 수 있을 것이다. 그리고 이는 우리가 발을 헛디디고 미끄러지더라도 금방 다시 앞으로 나아갈 수 있는 원동력이 되리라고 믿는다.

사회과학을 전공했으며 공중 보건을 공부하고 연구하는 정신과 의사로서 내가 늘 경계하는 점은 '개인'의 힐링을 표방하며 정신적 문제의 사회적 원인들을 간과하는 것이다. 나는 정신과 의사가 무너진 둑의 하류에서 바가지로 물을 퍼내는 역할을 할 뿐이라 생각한다. 사회구조적 문제로 유발된 절망감에 정신과 의사가 아무리 최첨단의 항우울제를 건네준다 해도 문제가 근본적으로 해결되지는 않는다. 이런 마음가짐으로 책을 쓰다 보니 나의 취약성에서 시작된

글이 중간중간 우리 사회에 대한 이야기로도 조금씩 뻗어 나가게 되었다. 거대한 사회 앞에 선 개개인은 너무도 작은 존재로 느껴질 수도 있겠지만, 그럼에도 그 '사회'에 맞서는 내 '개인'의 이야기가 책을 읽는 독자 개개인에게 분명히 와닿는 지점이 있길 바라며 책을 써 내려갔다.

책을 읽기에 앞서 꼭 말씀드리고 싶은 것이 있다. 『만일 내가 그때 내 말을 들어줬더라면』은 우울이나 불안을 극복하거나, 마음의 근육을 키우는 방법을 전달하고자 쓴 책이 아니라는 점이다. 그와 같은 다양한 기법을 소개하는 국내외의 좋은 책들이 이미 무수히 많기에 거기에 나의 책을 굳이 보탤 필요는 없겠다는 생각이 들었다. 이 책은 나의 취약성을 고백함으로써 초고속 트레드밀 사회를 살아가는 우리 모두를 응원하고자 쓴 것이다. 부디 얄팍한 위로가 되지 않기를 긴절히 바라며 집필했지만, 정작 위로를 필요로 하는 분들이 이 책을 읽은 후 어떤 생각을 할지는 잘 모르겠다.

부디 이 책이 여러분의 주머니 속 든든한 손난로가 될 수 있길, 혹독한 추위 속에서 조금이나마 온기를 줄 수 있길 바란다. 초고속 트레드밀에서 잠시 내려와 한 번 숨을 가다듬고, 스스로를 아껴줄 수 있는 디딤돌이 될 수 있다면 더욱 좋겠다. 그리고 궁극적으로 이 책이 우리 사회가 취약성을 약점 잡지 않고 얼마든지 취약성을 드러낼 수 있으며, 서로의 취약성을 도리어 응원하는 사회로 나아가는 데에 조금이라도 기여할 수 있다면 더 이상 바랄 것이 없을 것이다.

2024년 7월

나종호

차 례

1장 ——

불안감에 빼앗겨버린 내 마음의 운전대

"우리의 불안은

미래에 대해서 생각하는 데서 비롯되는 게 아니라,

미래를 통제하길 원하는 데서 시작한다."

- 칼릴 지브란Kahlil Gibran

1장

불안감에 빼앗겨버린
내 마음의 운전대

●

갓 정신과 의사가 되었던 레지던트 초기, 진료실에서 가장
난감한 경우는 환자가 내 앞에서 눈물을 보일 때였다. 눈물
을 흘리는 사람은 대개 말을 할 여력이 없다. 그러면 진료실
은 순식간에 적막해진다. 여기서 침묵을 깰 사람은 단 한 사
람, 눈물을 흘리지 않고 있는 의사, 즉 나뿐이다.

처음에는 그 침묵이 정말 몸서리치게 힘들었다. 무슨 말
이라도 던져야 할 것 같은데 무슨 말을 해야 할지 도저히 알
수 없을 때가 태반이었다. 그래서 섣부른 위로의 말을 던지
기도, 때로는 텅 빈 위로가 진료실 안을 부유하기도 했다.

"정말 힘드실 것 같아요. 듣는 저도 이런데, 본인은 어떻
겠어요."

자신감 없이 내뱉는 내 말들은 진료실 반대편에 닿지 못하고 허공의 메아리처럼 다시 돌아와 나를 콕콕 찌르곤 했다. 그리고 정신과 의사로서 일을 시작한 지 몇 년이 지나서야 비로소 알게 되었다. 위로를 꼭 언어로 전할 필요는 없다는 것을, 위로란 그저 그 슬픔을 함께 느껴주고 자리를 지켜주는 데서부터 시작한다는 걸 말이다. 슬퍼하는 사람 앞에 서면 어떤 말이든 건네야 할 것처럼 느껴지겠지만 위로는 사실 꼭 말로 전하지 않아도 괜찮다. 옆을 지켜주면서 말없이 있어주는 것이 천 마디의 말보다 나을 때도 있다.

　'가장 좋은 위로가 무엇이냐'는 질문을 종종 들으면서 그 답이 무얼지 나도 곰곰이 고민했다. 정신과 의사로서 내가 지금껏 배운 좋은 위로의 자세는 '저는 당신이 지금 어떤 느낌인지 몰라요. 하지만 듣고 싶고, 배워서 돕고 싶어요'라는 데서 시작한다. '당신이 어떤 느낌인지 모른다'고 말함으로써 타인의 입장과 삶을 완전히 이해할 수는 없음을 인정하는 한편, 노력으로 그 간극을 좁힐 수 있다고 믿는 것이다.

　'나는 모른다'라고 인정하려면 먼저 나의 약한 모습을 타인에게 보여줘야만 한다. 그래서 취약성과 위로는 떼려야

뗄 수 없는 관계다. 자신의 취약성을 인정하지 못하는 사람은 타인의 맘에 닿는 위로를 건네기도, 이와 동시에 타인으로부터 위로를 받기도 힘들다. 스스로 취약성을 보일 수 있어야만 비로소 타인과 연결될 기회가 생기는 것이다. 그래서 이 책을 쓰면서 나 또한 취약성을 솔직히 고백하고 방어막을 최대한 내려놓고자 했다. 방어막을 내리는 순간 나와 타인이 비로소 연결될 수 있다는 걸, 좁은 진료실 안에서도 몇 번이나 느낀 적이 있었기 때문이다.

"그러는 당신은 어디서 왔는데요?"

20대 시절 훌륭히 군 생활을 마친 후, 심각해진 우울증과 알코올 중독 때문에 현재는 노숙 생활을 하고 있는 50대의 전역 군인 환자가 내게 되물었다. 그는 우울한 기분 탓인지 인터뷰 내내 시종일관 무뚝뚝했고 때로는 신경질적이었다.

사실 그의 심정도 충분히 이해가 가는 것이, 정신과 의사와의 면담은 정보 공유의 측면에서 상당히 일방향적이다. 진료의 특성상 다른 곳에서는 이야기하거나 질문하기 꺼려지는 민감한 문제들(예를 들면 어린 시절 부모에게 받은 학대 혹은 성추행과 같은 트라우마의 기억)에 대해 정신과 의사들은 환자에게 첫 만남부터 아무렇지 않은 듯 질문을 던지지만, 정작 환자는 의사에 대해서 묻는 경우가 드물다. 우선 다수의 환자들은 자신의 이야기만 하기에도 진료 시간이 충분치 않으므로 굳이 의사에 대해 물으며 시간을 낭비하고 싶지 않을 수도 있다. 또 어떤 환자는 완벽한 치료자로서의 정신과 의사에 대한 본인의 환상을 깨고 싶지 않아 질문을 꺼리기도 한다.

그럼에도 진료 중에 개인적인 질문을 받는 경우가 드물게 있다. 외래에서 처음 진료를 시작하던 레지던트 시절에는 그런 개인적인 질문에 어떻게 대답해야 하나 고민이 많았다. 수련 초창기에는 당황한 나머지 의미 없는 대답으로 대충 얼버무리곤 했다.

"선생님은 요새 어떻게 지내세요? 특별한 일 없으세요?"

"아, 저야 뭐 늘 똑같죠, 하하……."

누군가가 나에 대해 묻는다고 해도 대화는 피상적이고 어색한 단계에 머물렀다. 정신과 레지던트는 교수들에게 개인 지도supervision를 정기적으로 받는데, 지도를 받을 때 이런 경우 어떻게 해야 하느냐고 질문하면 지도 교수님들도 각자의 스타일에 따라 각양각색의 답변을 내놓았다. 개인적인 질문을 받으면 반대로 환자에게 '왜 그것이 궁금한지'에 대해 역으로 질문함으로써 그 사람의 심리 상태와 치료적 관계에 대해 해석하는 계기로 삼는다는 교수님도 있었고, '개인적인 질문에 대한 답변은 하지 않는다'고 면담을 시작할 때 대놓고 못을 박는다는 교수님도 있었다.

사실 나는 환자들 입장에선 이 좁은 방에 마주 앉은 유일한 대화 상대에 대해 궁금해지는 것도 어쩌면 당연하겠다는 생각이 들었기에, 그들의 질문에 명쾌하게 대답해 주지 못하는 것이 못내 미안하기도 했다.

그러던 어느 날 미국에서 가장 유명한 정신과 의사이자 작가 중 한 사람인 어빈 얄롬Irvin Yalom 박사가 쓴 글에서 본인은 환자가 자신에 대해 궁금해하면 허심탄회하게 이야기를 한다는 내용을 접했다. 치료에 방해가 되지 않는 이상 이야기하지 않을 이유가 없다는 견해와 함께. 이 또한 어빈 얄롬이라는 정신과 의사 한 명의 입장일 뿐이었지만, 나는 마치 가정에서 금기시된 것을 부모님께 허락받은 아이처럼 환자에게 내 이야기를 해도 된다는 '그린 라이트'를 받은 기분이었다. 그래서 그 후로는 환자에게 개인적인 질문을 받으면, 환자의 상황에 따라 크게 걱정이 되지 않는 경우에 한해 나에 대한 이야기를 하는 편이다. 물론 진료에 방해가 되지 않는 선에서다.

"저는 한국에서 왔어요."

불과 몇 초 전까지만 해도 내내 심드렁했던 그 환자는 내 대답을 듣자마자 처음으로 함박웃음을 지었다.

"진짜요? 저 마지막 근무지가 한국이었어요."

뭘 묻든 별 부연 설명을 하지 않고 단답형으로만 대답하던 환자는 그제야 시시콜콜한 이야기를 하나하나 꺼내놓기 시작했다. 한국에서 운명적으로 첫 번째 아내를 만난 이야기와 그때 태어난 큰아들 이야기 그리고 1988년 서울 올림픽 이야기와 한국에서 자주 먹었다는 김치와 소주 이야기에 이르기까지, 환자는 어느새 멈출 줄 모르고 말을 이어가고 있었다. 그 이야기를 하는 순간만큼은 우울증과 알코올 중독을 앓기 전, 행복한 20대 시절 모습 그대로였다.

인터뷰가 끝날 시간이 가까워질수록 환자의 생기도 조금씩 떨어져가는 것을 느낄 수 있었다. 마치 타임머신을 타고 자신이 가장 행복했던, 사랑의 열병을 앓던 시절의 늠름한 군인으로 돌아갔다가 다시 우울증, 알코올 중독을 앓는 노숙자인 지금의 현실로 돌아오는 것처럼. 그렇게 인터뷰가 마무리될 즈음, 그는 엷은 웃음을 띠며 나에게 작별 인사를 건넸다.

"당신의 이야기 덕분에 잠시 행복할 수 있었네요."

그 뒷모습이 너무 슬퍼서 나는 한동안 그 자리를 떠나지 못했다.

이처럼 정신과 의사로서 환자들을 만나며 작은 공통점으로 그들의 닫힌 마음을 열었던 적이 꽤 있었다. 가령 처음으로 입원 병동에 근무하던 중 만난 한 아프리카 이민자 환자는 내가 이민자라는 사실을 들은 후 모두에게 굳게 닫혀 있던 마음의 문을 비로소 열기 시작했다. 물론 반대의 경우도 충분히 있을 수 있다. 가령 한국에서 부정적인 경험을 했다든지 트라우마의 기억을 가진 환자에게는 내 배경을 공개하는 것이 오히려 치료에 역효과를 불러일으켰을 수도 있다. 그런 면에서 사실 정신과 의사가 자기의 개인적인 이야기를 하는 것은 양날의 검과도 같다고 할 수 있다.

그럼에도 내 이야기를 털어놓았을 때, 작은 말 한마디를 건넬 때 가끔 환하게 웃음 짓던 환자들의 모습이 생각나곤 한다. 어떤 환자는 나의 이야기를 들은 후부터는 나를 만날 때마다 예전의 자기 모습이 많이 생각난다며 좋아하기도 했다. 그래서 그런 환자들을 생각하며 이제부터 가장 먼저 '내 이야기'를 꺼내보려고 한다. 이 책에서는 내 20대, 30대의 여정을 솔직하게 보여주겠다고 마음먹었다. 이 책을 읽는 이들을 위로하기 위해 가장 먼저 갖추어야 할 자세는 나의 취약성부터 있는 그대로 고백하는 것일 터이다.

나의 취약성에 대한 고백이 나와 독자를 이어줄 수 있는 연결고리가 되어주길 바란다. 그리고 이 책을 읽으면서 말 없이 당신의 이야기에 귀 기울여주는 정신과 의사가 앞에 앉아 있다는 느낌을 받으면 좋겠다. 그런 바람으로 책을 쓰는 내내 나도 내 앞에 트라우마로, 번아웃으로, 일상 속의 크고 작은 일들로 힘든 독자가 앉아 있다고 생각하며 한 자 한 자 적어 내려갔다. 그러니까 여러분도 부디 이 책을 읽으며 여러분의 마음을 귀담아듣고픈 한 사람이 앞에 앉아 있다고 생각하며 읽어주길 부탁드린다.

○

어느 날 갑자기
심장이 터질 듯 뛰기
시작했다

때는 2006년, 2년간의 군 생활을 마친 후 캠퍼스로 돌아온
나는 공식적으로 복학생이 되었다. 아무것도 모르던 새내
기 대학생 시절, 나보다 네다섯 학번쯤 높은 남자 선배가 가
끔 술자리에 오면 나는 속으로 '저 선배는 도대체 어떤 사연
이 있기에 아직도 학교를 다니는 걸까?' 하고 진지하게 궁금
해하곤 했다. 그런데 시간은 야속하게도 흘러, 어느덧 내가
그들과 같은 나이, 같은 위치에 자리하게 된 것이다.

다행히도 내게는 때마침 같은 시기에 복학한 '희수'라는
절친한 친구가 있었다. 재수를 해서 나보다 나이가 한 살 많

았던 그는 나를 종종 형처럼 이끌어주곤 했다. 처음 복학했을 때 제대를 했다는 기쁨과 오랜만에 주어진 자유 앞에서 수업에도 충실하지 않고 조금은 들떠 있던 나에게 '정신 차리라'며 쓴소리를 해준 것도 희수였다. 희수에게 혼난 이후 나는 복학생답게(?) 모든 수업을 제일 첫 줄에 앉아 들으며 철저하게 필기를 했고, 수업이 끝나면 곧바로 중앙도서관에 자리를 잡아 학업에 매진하곤 했다.

당시 희수는 행정고시를 준비하고 있었고, 나는 학교 수업을 듣는 동시에 아르바이트로 과외 세 개를 병행하며 미국에서 임상심리학(심리적 문제 또는 정신 질환을 앓는 사람을 심리 상담으로 치료하는 학문) 박사 과정을 밟기 위해 유학 준비를 하고 있었다. 신림동 고시촌 원룸 위 아래층에서 자취를 하던 우리는 고시생이나 다름없이 새벽같이 자취방에서 나와 신림동 고시 식당에서 함께 아침을 먹은 후, 첫 수업을 시작하는 시간부터 밤 11시까지 꼬박 하루 종일 공부에만 매진했다. 공부하라고 한 사람도 없는데, 누가 시키기라도 한 것마냥 열의에 가득 차 공부를 했다. 누구든 힘들다고 느낄 만큼 꽤나 강도가 센 공부였는데, 그래도 혼자가 아니라는 사실

을 위안 삼아 서로에게 의지하며 우리는 하루하루를 살아
냈다.

그러던 어느 주말, 여느 때처럼 희수와 도서관에서 시험
공부를 하던 중 갑자기 심장이 '덜컥' 하고 가라앉는 기분이
들었다. 이상한 느낌도 잠시, 불현듯 심장이 빠르게 고동치
기 시작했다.

'심장이 왜 이렇게 빨리 뛰지?'

무언가 몸이 이상하다는 느낌은 들었지만, 임상심리학자
를 지망하던 심리학도였음에도 정확히 어떤 상황인지 감이
오질 않았다. 그도 그럴 것이, 그때는 지금처럼 공황장애를
고백한 연예인이나 유명인이 많지도 않았다. 나의 상태를
그런 병명과 연결 짓는 것이 낯설던 시절이었다. 애써 무시
하고 공부에 집중해 보려고 했지만 나의 심장 박동은 오히
려 점점 더 빨라지는 것만 같았다.

'왜 이렇게 불안하지?'

그제야 나는 나의 빠른 심박수가 단순히 일시적으로 심
장이 빨리 뛰어서 그런 게 아니라, 정체 모를 불안감에서 비

롯되었다는 걸 깨달았다. 당시는 내 머릿속에 유학을 비롯해 미래에 대한 불안감이 가득한 시기였다. 다만 원래 내가 느끼던 막연한 불안감이 도서관에서 혼자 이어폰을 끼고 음악을 듣는 듯한 정도의 소리였다면, 그날은 마치 대학 축제가 열리면 소음이 대형 스피커를 타고 도서관이 떠나갈 만큼 큰 소리로 캠퍼스 전체에 울려 퍼질 때와 같은 느낌이었다. 나는 도저히 공부를 이어가지 못하고 짐을 챙겨서 도서관을 황급히 떠났다. 차마 희수에게는 '너무 불안해서 더 이상 공부를 못 하겠다'는 말은 하지 못하고, 다른 핑계를 대고 자리를 떠났던 기억이 난다.

'너무 무리했나 보다. 며칠 지나면 괜찮아질 거야.'

처음에는 그 정도의 가벼운 생각이었다. 실제로 며칠간 그동안 가지 못했던 곳에 놀러 가기도 하고, 충분히 휴식을 취하는 등 잠시 공부를 잊은 채로 살아가자 기저에 있는 불안감도 많이 누그러지는 것 같았다. 며칠 후 '이제 다시 정상으로 돌아왔구나' 생각하며 다시 도서관으로 향했다. 하지만 잘못된 판단이었다. 도서관으로 돌아간 첫날, 나의 심장은 다시 한번 스위치를 누른 것처럼 바쁘게 뛰기 시작했다. 그뿐만이 아니었다. 불안감은 이제 도서관에서 슬그머니 나와, 내가 가는 곳마다 그림자처럼 따라다녔다. 수업 시간에는 더 큰 불안감이 밀려왔다. 불안감이 밀려오고 심장이 빨리 뛰자 수업에 집중하기는 더더욱 힘들어졌다. 온 힘을 모아 집중해서 필기를 하고 나면 그만큼 에너지가 소모되는 느낌이었고, 초저녁부터 피곤해지는 나 자신을 발견했다.

'내가 뭐가 잘못된 걸까?'

그때는 상상도 못했다. 불안이라는 이름의 그림자가 나의 남은 20대 내내 나를 따라다니며 괴롭힐 것이란 걸.

만연한 불안감을 안고 산다는 것은 내가 운전대를 잡고 있는 '내 마음'이라는 버스 한 구석에 늘 정체 모를 괴물 하나가 앉아 있는 느낌이었다. 그 괴물은 어떨 때는 잠잠하게 구석에서 꾸벅꾸벅 졸기도 했으나, 언제 깨어나서 버스를 흔들며 나를 괴롭힐지 모르는 두려운 존재였다. 그래서 나는 버스를 운전하면서 늘 그 괴물이 깨어날까 봐, 혹은 괴물이 존재한다는 사실 자체 때문에 노심초사했다.

마음속 괴물은 어떤 때는 도서관에서 나타나 나를 흔들었고, 때로는 자다가도 나를 깨우곤 했다. 혹시 수업 시간에 교수님께서 모르는 내용을 질문하시기라도 하면 그 괴물은 어느새 운전대를 빼앗아 버스를 전복시킬 듯한 기세로 나를 흔들어댔다. 그러면 내 마음이라는 버스에는 비상등과 경고등이 동시에 켜졌고, 잠시 시동이 나간 채로 한동안 멈춰 있어야만 했다. 괴물이 잠잠해지고, 겨우 내가 운전석에 앉아 엔진에 시동을 걸 수 있는 상황이 되기까지.

지금 생각해 보면 어떻게 그렇게 무식했을까 싶지만, 나는 그런 상황에서도 멈추지 않고 꾸역꾸역 유학 준비를 해나갔다. 불안감 때문에 집중이 되지 않으면 그보다 오히려 더 많은 시간을 쏟는 식으로 공부량을 보충했다. 그때 과부하로 달리던 내 심장은 아마도 내 수명을 단 얼마라도 깎아버리지 않았을까. 그 당시 나는 내 빠른 심장 박동을 의식해 습관처럼 맥박을 재곤 했는데, 심장에 무리를 주는 '빈맥'으로 판단되는 분당 100회를 넘기는 일이 일상처럼 잦았다. '이러다가 어느 날 심장이 멈춰버리는 건 아닐까?' 하는 걱정이 들 정도였다.

그렇게 몸과 마음을 혹사하면서도 꾸준히 수업을 듣고, 재수강을 하고, 학점을 땄고 유학 준비를 위한 시험도 목표대로 꾸역꾸역 마무리했다. 임상심리학 박사 유학을 위해서는 연구 경험이 필수라는 조언을 듣고 심리학과의 한 연구실에서 학생 연구원으로도 일하기 시작했다.

그 시절의 나는 기본적으로 기저에 불안감이 깔려 있는데다가 이 불안감은 다른 사람, 특히 친하지 않은 사람이나 잘 모르는 사람을 대할 때면 걷잡을 수 없이 증폭되곤 했다. 사회불안장애의 전형적인 증상이다. 나는 내 불안감에 압도된 나머지, 타인들이 나의 상태를 인지할 수 있을 것이라고는 생각조차 하지 못했다. 그러던 어느 날, 나의 그 기대 섞인 바람을 무참히 깨는 사건이 있었다. 내가 일하던 연구실에서 박사 과정 선생님을 비롯한 여러 선생님들과 이야기를 하던 중, 그 선생님이 나를 보며 걱정스레 물어보시는 것이다.

"어머나, 얘 말하는데 입술 떨리는 거 봐. 괜찮니?"

그제야 내 불안감이 타인이 감지할 수 있을 정도임을 깨달았다. 아마도 나를 처음 만나는 사람들은 떨리는 입술 같은 데서 나타나는 내 불안감을 눈치채도 말을 꺼내지 못했을 것이고, 편한 친구들 앞에서야 나도 불안감이 덜했을 테니 정말 티가 나지 않아서 그들은 전혀 몰랐을 수도 있겠다.

이 깨달음을 계기로 전문가의 도움을 받았으면 참 좋았겠지만, 나는 또 다시 문제를 직면하기보다는 현실을 회피하는 방법을 택했다. 그날 이후로 말을 할 때는 입술이 떨리지 않도록 입술을 지그시 깨무는 방법을 터득한 것이다. 처음 보는 사람은 그렇게 이야기하는 나를 이상하게 생각할 수도 있겠지만, 그래도 파르르 떨리는 입술로 불안감을 다 내보이는 것보다는 낫겠지 싶었다.

그토록 불안했음에도 그나마 공부는 계속 해왔던 것이기에 꾸준히 학업에 매진하는 정도의 상태는 겨우 유지할 수 있었고, 그렇게 졸업을 한 학기 남겨두고 유학 지원을 마무리했다. 유학 준비를 하면서 한국에서 미국으로 조기 유학을 간 이들과 몇 번 교류할 일이 있었는데, 그들은 나에게 임상심리학 박사 유학이 얼마나 경쟁이 심한지에 대해 여러 번 겁을 주곤 했다. 하지만 하루하루 생존조차 버거웠던 나에게 플랜 B를 생각할 여유는 없었다. 그렇게 나는 계속 별다른 대안 없이, 유학 준비에만 올인을 했다.

그런데 몇 달이 지났을까, 시간이 꽤 흘렀음에도 유학 지원을 한 스무여 개의 학교 어떤 곳에서도 인터뷰 요청이 오지 않았다. 학점, 시험, 연구실 경험 다 내 나름대로 최선을 다해 준비했다고 생각했기에 이런 결과는 당혹스러웠다. 나중에 미국에서 정신과 레지던트를 하면서 알게 된 사실이지만, 임상심리학 박사 진학을 위해서는 미국의 명문대 학생들도 학부 졸업 후 연구원으로 최소 1~2년 이상 경력을 쌓은 후에 입학을 하는 경우가 일반적이라고 했다. 그 과정에서 그들은 많은 논문을 쓰기도 하고, 실제로 한국에서 석사 과정을 밟는 대학원생들이나 할 법한 일들을 직접 경험하며 배운다고 했다. 그걸 생각하면 고작 학부 졸업 예정인 나 같은 풋내기에게 인터뷰 요청이 하나도 오지 않은 건 사실 당연지사였다.

'이제 어쩌지?'

2년간 오로지 박사 유학만 바라보며 달려왔던 나였다. 임상심리학자로 일하는 것 외엔 미래의 모습을 생각해 본

적이 없었다. 졸업을 한 학기 남겨둔 현실에서 유학에 실패
한 순간, 나에게는 두 가지의 옵션밖에 없었다. 꿈꾸던 미래
를 계속 그리거나, 아니면 인생의 다른 길을 택하거나.

○

가슴을 부여잡고 떨던
정신과 의사 지망생

의학전문대학원 시절의 이야기를 하기 전에 먼저 고백할
것이 있다. 〈유퀴즈 온 더 블록〉(이하 〈유퀴즈〉)을 비롯한 여
러 매체에서 언급한 '자살을 막기 위해 정신과 의사가 되었
다'는 내 소개에 대해서다. 자살을 막고 싶은 마음이 내가
지금 걷고 있는 인생의 큰 원동력이 되어주고 있긴 하지만,
자살을 막기 위해서 의학전문대학원을 갔다는 것은 엄밀히
말하면 정확한 사실이 아니다. 병원에서 자살 시도를 한 환
자들을 더 자주 본다는 점에서 정신과 의사가 자살과 밀접
한 것은 맞다. 하지만 임상심리학자 역시 정신과 의사와 마

찬가지로 자살을 막는 데 기여할 기회는 무궁무진하며, 정확한 수치는 모르지만 미국에서 자살 혹은 자살 예방을 연구하는 석학 중에는 아마 정신과 전문의보다 임상심리학 박사들이 더 많을 것이다. 따라서 내가 의학전문대학원에 가게 된 것은 사실 '자살을 막고 싶다'거나 '더 많은 사람을 살리고 싶다'는 거창한 이유 때문이라기보다는 '어찌저찌하다 보니 그렇게 되었다'는 것이 더 솔직한 설명이다.

임상심리학 박사 유학이 좌절된 상태에서 현실적으로 내가 택할 수 있는 가장 자연스러운 진로는 서울대학교에서 임상심리학 석사 혹은 박사 과정을 밟는 것이었다. 그렇지만 그때 나는 어떻게든 학부 시절을 보낸 관악 캠퍼스를 떠나고 싶었다. 마지막 2년간 힘든 시간을 보냈기 때문은 아니었다. 관악에서 보낸 시간들 중엔 행복하고 즐거웠던 기억이 더 많았지만, 그럼에도 새로운 공간에서 새 출발을 하고 싶다는 마음이 조금 더 컸다. 이는 내 성향과 무관하지 않은데, 나는 원래 같은 환경에서 오랫동안 지내는 걸 지루해하고 답답해하는 편이다.

다음으로 선택할 수 있는 가능성은 진로를 아예 바꾸는

것이었다. 때마침 로스쿨이란 제도가 처음 생긴 시기였다. 2009년, 로스쿨 1기생 입학 전형에서 준비해야 할 것들은 내가 유학을 위해 갖추어놓았던 학점, 영어 시험 성적 등의 조건들과 거의 일치하는 데다 문과 출신인 나로서는 입학 시험도 수월할 것 같았다. 아예 진로를 바꾸는 것도 꽤나 큰 유혹이었다. 하지만 정신적·심리적으로 힘든 사람들을 돕고 싶다는 마음을 지난 몇 년간이나 키워왔기에 순식간에 진로를 바꾸기란 쉽지 않았다.

그렇게 고민하던 중 눈에 들어온 게 '정신과 의사'라는 선택지였다. 사실 의사라는 직업은 문과 출신인 나에게 단 한 번도 가깝게 느껴졌던 적이 없었다. 아니, 아예 가능한 선택지라고 생각해 보지도 않았다. 그렇기에 유학을 준비하면서도 당시 새로 생긴 '의학전문대학원'이라는 제도에 나는 한 번도 관심을 가진 적이 없었다. 인생은 참으로 우연과 운, 환경, 그리고 맞춰진 타이밍이 중요한 것이, 그 당시 심리학과에는 의대 편입을 준비하거나 성공적으로 의학전문대학원에 진학한 선배들이 꽤 있었다. 문과이지만 통계학과 생물학, 뇌 과학 수업을 듣는 과 특성상 어찌 보면 자연스러운 현상이었는지도 모르겠다. 그러다 보니 고려도 하지 않았던 의사라는 직업이 눈에 들어온 것이다.

마침 나와 가장 친한 심리학과 동기 한 명도 의학전문대학원을 준비하고 있었고, 그 친구를 보며 나도 막연하게 '의학전문대학원이 하나의 선택지가 될 수 있겠구나'라는 생각이 들었다. 당시 학부제였던 대학에서 2학년에 올라가며 심리학과가 아닌 경제학과나 정치학과를 선택했다면 아마 의학전문대학원에 가는 건 생각도 못 했을 것이다.

결국 나는 정신과 의사의 길에 도전해 보겠다는 결심을 굳혔고, 졸업을 한 학기 남긴 상황에서 휴학을 선택했다. 의학전문대학원에 가려면 고등학교를 졸업한 후로 6년간 한 번도 쳐다본 적 없었던 기초 생물학과 화학, 물리학을 비롯한 이과 공부를 시작해야 했다. 오랜만에 시작하는 완전히 새로운 분야의 공부는 나름대로 신선한 자극이 되어주었고 경쾌한 도전 의식을 불러일으켰다.

하지만 그런 동기 부여와는 별개로 학업 스트레스는 커져갔고, 그럴수록 내 기저에 자리 잡은 불안감은 더 심각해져 가기만 했다. 그때 나는 고시를 준비하던 고등학교 동창과 독서실에서 함께 공부하곤 했는데, 그 죽마고우 앞에서도 불안감이 극도로 심해져 어느 날은 함께 점심을 먹다가 머리가 핑 돌고 쓰러질 듯한 느낌이 들기도 했다. 의학전문대학원 입학시험을 보던 날에는 모르는 문제가 속출하자 시험을 보는 내내 심장이 터질 듯이 뛰는 바람에 가슴을 부여잡고 문제를 풀었던 기억이 난다. 감사하게도 이처럼 불안에 시달리는 상황에서도 나는 운 좋게 원하는 의학전문대학원에 합격할 수 있었다.

사실 이 이야기를 하기까지 고민이 많았다. 누군가에게는 타인의 완벽해 보이는 삶이 동기 부여가 될 수도 있다는 걸 잘 안다. 나 역시 20대 때, 소위 말하는 '사회적으로 성공한' 사람들의 자서전을 찾아 읽으며 스스로를 채찍질하기도 했다. 그 채찍질들은 내가 한 걸음이라도 더 나아가는 데 도움이 되었을지도 모른다.

실제로 나의 언론사 인터뷰를 보며 심리학자 혹은 정신과 의사를 꿈꾸게 되었다고 말해오는 어린 학생들도 있기에 그 환상을 내가 스스로 깨도 되는가 주저되었던 게 사실이다. 그럼에도 내가 이런 이야기를 하기로 한 이유는 단 한 가지, '겉으로는 완벽해 보이는 다른 사람들의 모습을 너무 부러워하거나, 그와 비교해서 좌절할 필요는 없다'는 이야기를 하고 싶어서다. 인생이 잘 짜인 각본처럼 보이는 사람이 있다고 해도, 그 안을 들여다보면 사실은 여러 누더기를 겹겹이 덧대고 우연과 운이라는 실과 바늘로 얼기설기 꿰맨 것일 수도 있다.

지금이야 '예일대 정신과 의사'라는 번듯한 직함을 갖고 꽤나 괜찮은 인생을 사는 것처럼 보이는 나 역시 꿈꾸던 길에서 미끄러진 후 갈팡질팡하던, 그것도 언제 불안감이라는 괴물이 나타나 나를 집어삼킬지도 모른다는 생각에 노심초사하던 평범한 학생일 뿐이었다.

○

불안감에 점령당한
내 마음

우여곡절 끝에 들어간 의학전문대학원이었지만 그곳에서는 또 다른 힘듦을 버텨내야 했다. 내가 본과에 입학할 당시, 정원의 절반은 고등학교를 졸업하자마자 의예과에 진학해 2년을 마치고 본과로 올라온 동기들이었고, 나머지 절반은 의학전문대학원을 통해 나처럼 학부를 마치고 온 동기들로 구성이 되어 있었다. 자연히 대부분의 의학전문대학원생은 의예과를 마치고 입학한 동기보다 나이가 많을 수밖에 없지만, 그중에서도 군대까지 다녀온 나는 가장 나이가 많은 축에 속했다. 동기들보다 평균적으로 대여섯 살이 많은 데다가 문과 출신, 게다가 마음속에는 불안감이라는 시한폭탄을 안은 채 본과 생활을 시작하는 나의 처지는 마치 모래주머니를 팔다리에 몇 개씩 찬 채로 각 학교에서 온 전국체전 육상 대표 선수들과 함께 운동장에서 몸을 푸는 느낌이었다.

의대 본과 생활의 학습량은 악명이 높다. 나도 나름대로 고등학생 때부터 공부를 열심히 한 축에 속한다고 생각했건만 그토록 무지막지한 양에 치어본 적은 처음이었다. 더 놀라운 것은, 그토록 말도 안 되는 공부량을 쏟아내는 강의들을 동기들은 척척 잘만 따라가는 것처럼 보였다는 사실이다. 본과 첫 학기는 어떻게 죽을힘을 다해 쫓아갔으나 두 번째 학기가 시작하자마자 곧바로 나는 이미 탈진 상태나 다름없었다.

그 즈음에 내 마음이라는 버스의 한 사리를 차지하고 앉아 있던 '불안감'이라는 괴물은 어느덧 성큼성큼 운전석으로 다가와 핸들을 낚아챘고, 폭주하기 시작했다. 입학 전에는 불안 상태가 평소에 10점 만점 중 5점쯤을 유지하다가

심할 때 7점까지 올라가는 정도였다면, 의대 본과 생활 중에는 평균적으로 7점을 유지하고 때때로 10점까지 치솟는 수준에 이르렀다.

이와 동시에 사회 불안장애의 증세 또한 심해졌다. 본과 생활 중에는 의학을 배우는 수업 외에도 조별 과제라든가 발표 수업을 할 일이 은근히 많았는데, 나는 동기들보다 많은 나이 덕에 내 의지와 별개로 조장을 맡을 때가 잦았다. 첫 번째 조별 발표를 맡았던 날의 쓰라린 기억은 아직도 생생하게 남아 있다. 학부 때도 나는 원래 발표를 좋아하는 체질은 아니었지만, 그래도 준비만 열심히 하면 큰 문제 없이 발표를 해내는 편이었다. 그래서 별 생각 없이 조장으로서 발표를 맡았고, 발표를 앞두고 연습도 철저히 했다.

그런데 발표 당일 강의실 맨 앞에 나가 동기들과 마주하자 갑자기 목소리가 흔들리기 시작하면서 마이크를 잡은 손이 바들바들 떨리는 것이었다. 수업 인원이 150명에 이르는 대형 강의였다. 다행히 동영상, 사진 등 발표를 위해 준비한 시각 자료가 많아서 어찌저찌 넘어가긴 했으나 조장으로서, 또 나이가 월등히 많은 형이자 오빠로서 여간 창피

한 일이 아니었다. 착한 조원들은 "형, 수고하셨어요", "오빠, 잘했어요" 같은 말로 격려해 주었으나 나는 자책하기에 바빴다.

'나보다 훨씬 어린 친구들 앞에서 이런 부끄러운 모습을 보이다니. 나잇값도 못하는구나.'

이 밖에도 부끄러운 일은 많았다. 의학전문대학원에 입학한 후부터는 입술이 떨리거나 발표할 때 불안해지는 것 외에도 쉽게 얼굴이 빨개지는 증세까지 새로 생겨났다. 어떤 날은 나보다 한참 어린 친구가 멀리서 무슨 이야기를 하던 와중에 내 이름을 언급했다. 그런데 내 이름이 귓가에 들려오자마자 내 얼굴이 홍당무처럼 빨개졌다고 했다. 쉽게 홍조를 띄는 것 역시 사회불안 증세의 하나다.

"형, 아니 자기 이름만 듣고도 왜 이렇게 부끄러워해요!"

그 모습을 보며 넉살 좋은 동생은 나를 놀렸고, 나는 정말 쥐구멍에라도 숨고 싶은 심정이었다. 이런 일들은 손에 꼽을 수 없게 비일비재했다. 아니, 학년이 올라갈수록 더욱 심해질 따름이었다. 자연스럽게 절친한 소수의 지인들과 만나는 것 외에는 사람들과의 교류가 줄어들었고, 나는 갈수록 학교에서 위축되어 갔다.

본과 3학년 때부터는 병동 실습이 시작되었다. '실습'인만큼 강의실에 앉아 대형 강의를 듣는 게 아니라 여러 진료과목을 돌며 소규모로 조별 수업을 할 때가 많았다. 그런 수업은 대체로 교수님의 강의를 일방적으로 듣기보다는 교수님과 적극적으로 소통하는 식으로 이루어졌다. 그리고 그당시, 내가 가장 두려워했던 건 교수님이 수업 시간에 나를콕 집어 질문하는 상황이었다. 질문을 받는 순간 불안감이폭발적으로 높아져서 아무리 쉬운 문제라도 답변을 제대로할 수가 없었기 때문이다. 내가 질문을 받으면 옆에 있던 동기들이 열심히 입을 벙긋대고 손동작까지 동원해 가며 나에게 힌트를 주곤 했지만, 불안감으로 마비된 나의 뇌는 전혀 작동하지 않았다. 그렇게 질문의 '블랙홀'이 된 내 차례가 지나면 어색한 침묵만이 공기를 가득 메우곤 했다. 불안감에 점령당한 내 마음의 운전석을 다시 찾을 기회가 과연올까? 그때는 정말 아무런 희망이 보이지 않았다.

○

잠시나마
되찾은 평화

시간이 지난 후에야 조금 더 선명해지는 인생의 변곡점들이 있다. 돌이켜 보건대 본과 3학년 병동 실습을 앞두고 뉴욕에 가지 않았다면 내 인생은 꽤나 달라지지 않았을까. 물론 그때 미국에서 실습을 돌지 않았더라도 간절히 '탈출구'를 찾던 나는 아마 끝내는 한국이 아닌 다른 곳에서 도전을 시작했을지도 모른다. 그때의 나는 지난 몇 년간 나를 괴롭혀 온 불안감이 우리 사회의 끝없는 경쟁에서 나온 산물이라 판단했고, 숨 가쁜 트레드밀 같은 사회에서 미끄러진 나는 더 이상 이곳에서 버티기가 힘들 것이라는 결론에 이르렀다. 그런 나의 생각은 병동 실습을 돌며, 본과 학생들과는 비교도 안 될 정도로 더 바쁘고 힘든 삶을 살아가는 레지던트와 교수님들의 생활을 내 눈으로 직접 목격하면서 한층 더 굳어졌다. 그러나 뉴욕으로 잠시 건너가 보낸 시간 동안은 막연하게나마 미래에 대한 청사진을 그려볼 수 있었고, 그것은 남은 2년의 본과 생활을 무사히 마칠 수 있는 한 줄기 희망이 되어주었다. 이 사실만으로도 미국에서의 짧았던 2주는 내게 의미가 컸다.

한창 지쳐 있던 본과 2학년 막바지 무렵, 동아리에 강연을 오신 한 정형외과 선배를 뵈었다. 당시 뉴욕 컬럼비아대학교에 있던 그는 미국에서 수련을 원하는 후배들을 돕고 싶다며 도움이 필요하면 언제든지 연락을 달라고 했고, 나는 용기를 내 그에게 메일을 보냈다. 흔쾌히 부탁을 들어준 선배 덕분에 나는 컬럼비아대학교 산하의 뉴욕주 정신의학 연구소New York State Psychiatric Institute에서 2주간 실습을 돌 기회를 얻게 되었다. 그중에서도 내가 실습할 곳은 소아정신과 환자들이 마치 학교를 다니듯 아침부터 오후까지 함께 생활하며 수업을 듣고, 미술과 체육 활동을 병행하며 치료까지 받는 소아정신과의 낮 병동이었다.

실습 전날 밤에 뉴욕에 도착한 나는 설레는 마음으로 맨해튼의 한 허름한 한인 민박에 짐을 풀었다. 작은 공간에 수많은 한국인이 복닥복닥 모여 숙박을 하는 곳이었는데, 나는 마치 새로운 세상에 처음 발을 내딛는 아이처럼 가슴이 두근거려 잠을 이루기 힘들었다. 다음 날 아침, 처음 보는 낮의 뉴욕 풍경과 맨해튼의 지하철역으로 걸어가던 순간의 기분은 지금도 생생하다.

아직 한국의 정신과 실습을 돌기도 전이었던 나에게 2주에 걸친 뉴욕에서의 실습은 영화 〈나 홀로 집에 2〉에 나오는, 뉴욕의 커다란 장난감 가게에 처음 들어간 어린이가 된 기분을 느끼게 해준 경험이었다. 가장 먼저 나를 놀라게 한 것은 낮 병동에 머물던 소아 환자들의 인종적, 그리고 사회문화적 다양성이었다. 흑인, 백인, 히스패닉, 동양인 등 다양한 인종의 아이들이 있는 건 물론이고 스페인어만 할 수 있는 아이부터 중국어를 쓰는 아이, 아이티 출신의 크리올어Haitian Creole를 하는 소녀까지 각양각색의 아이들이 한데 어우러져 있었다. 진단명도 다양해서 내가 임상심리 공부를 하며 배운 소아 정신장애의 거의 모든 케이스를 다 만날 수 있었다. 어떤 중국계 아이는 동양인인 내가 중국인일 거라고 생각하며 다가와 자연스럽게 중국어로 말을 걸기도 했다. 단일 민족에 가까운 한국에서 배우고 자라온 나로서는 처음 겪는 낯선 경험이었다.

다섯 살의 아주 어린 아이부터 중학생에 이르기까지, 소아정신과 낮 병동에 있던 아이들은 한국에서 온 의대생인 나를 친절하게 맞아주었다. 방문 학생 신분이었으므로 개별 면담과 같은 의료 행위를 할 권한이 주어지지 않았던 나는 2주간 아이들의 수업과 면담, 치료 과정을 참관했으며 종종 체육이나 미술 활동이 있을 때는 보조 교사 역할을 수행하곤 했다.

한국에서의 현실이 너무나 불만족스러워서 늘 스스로에게 '어떻게 살면 행복할 수 있을까?'라는 질문을 던지던 나는 그때 2주간 아이들과 함께 생활하면서 처음으로 미국에서 정신과 의사로 사는 삶을 상상해 보았던 것 같다.

'나중에 이런 환경에서 정신과 의사로 일하며 살면 행복할 수 있지 않을까?'

인종 구성이 다양하다는 점 외에는 사실 한국의 환경과 딱히 다를 것도 없었지만, 그때는 그저 새로운 곳에서 시작한다면 나도 불안감을 내려놓고 다시 희망적인 출발을 할 수 있을 것이라는 막연한 환상이 있었기에 미국의 모든 점이 좋아만 보였다. 그런 환상 혹은 부푼 기대 때문이었을까. 실제로 뉴욕에서의 2주 동안은 불안감을 거의 인지하지 못하고 지냈다. 완전히 낯선 도시와 문화 속에서도 오히려 나는 주변을 덜 의식하면서 비교적 편안한 마음으로 생활할 수 있었다. 이와 같은 경험은 자연스럽게 미국에서의 미래에 대한 기대를 더욱더 강화시키는 결과로 이어졌다.

아이들과 생활하는 시간 외에는 낮 병동의 여러 전문가들과 교류했다. 내가 미국에서의 수련에 대해 환상을 키우게 된 데는 환자들과의 경험 외에도 '다양한 전문가들이 수평적으로 일하는 문화'의 역할이 컸다. 한국에서는 접해보지 못한 새로운 모습에 완전히 매료되었다.

소아정신과 낮 병동에는 정신과 의사, 임상심리학자, 사회복지사, 간호사, 교사 등으로 구성된 팀 멤버들이 상시적으로 함께 근무하고 있었다. 실습이 끝나기 전날, 케이스컨퍼런스Case Conference(한 환자에 대해 팀원들이 모여서 함께 의견을 나누고 최적의 치료 계획을 찾아나가는 회의로, 주로 치료가 쉽지 않은 케이스가 많다)에 참석했을 때였다. 한국에서도 아직 실습을 돌기 전이었던 터라 아무리 의대생이라 해도 케이스컨퍼런스는 고작 의학 드라마에서 본 게 전부였다. 회의실에 들어서니 익숙한 팀원들 외에도 처음 보는 노년의 안경 낀 백인 남성이 있었다.

"그럼 지금부터 우리 병동의 일곱 살 소년에 대한 케이스컨퍼런스를 시작하겠습니다. 박사님, 먼 길을 와주셔서 감사합니다."

병동의 유일한 정신과 전문의가 노년의 남성을 반갑게 맞이한 후 간략하게 환자에 대한 정보를 발표했다. 팀원들은 이미 환자에 대해 잘 알고 있는 상황이었으므로 이 발표는 사실상 처음 보는 그 노년의 남성을 위한 것이나 마찬가지였다.

환자의 케이스에 대해 거의 한 시간 동안 끊임없이 수많은 대화가 오갔다. 정신과 전문의의 주도하에 토의가 진행되었고 여러 팀원들은 각자 그 영역의 전문가로서 식견을 제시했다. 한 환자를 바라보는 교사의 시각, 사회복지사의 입장, 임상심리학자와 정신과 의사의 소견 등을 계속해 듣고 있으니 그 일곱 살 소년의 케이스가 훨씬 입체적으로 다가왔다. 마치 오케스트라가 협주곡을 연주하듯 그 소년에 대한 분석들이 회의실 안에서 울려 퍼지는 느낌이었다. 그리고 노년의 남성 역시 각 팀원의 이야기를 주의 깊게 듣고 나선 노련한 지휘자처럼 그때그때 자신의 전문적인 식견을 말했다.

토의는 영어로 정신없이 진행되었기에 그중 절반 이상은 알아듣지 못했지만, 그날의 협업 경험이 얼마나 강렬했던지 나는 그날 한인 민박에 돌아와 허세가 가득한 장문의 일기를 '싸이월드'라는 개인 블로그에 남겼다. '이 순간의 아름다움을 오래 기억할 것이다'라며.

그때 처음으로 결심했던 것 같다. 미국에서 정신과 레지던트로서 수련을 받아야겠다고. 나중에 알게 되었지만, 노년의 남성은 오랫동안 개인 심리 상담을 해온 임상심리학자였다. 이 사실 역시 의외였다. 토의를 진행한 정신과 전문의는 컬럼비아대학교의 교수이기도 했는데, 그가 경청하는 모습이 꼭 노교수로부터 가르침을 받는 학생의 자세와도 같아 보여 노년의 남성 또한 당연히 정신과 전문의일 거라 생각했기 때문이었다. 정신의학 분야 최고의 전문가인 컬럼비아대학교의 교수가 다른 분야 전문가의 말을 주의 깊게 경청하며 한 환자의 치료를 위해 그토록 정성을 기울이는 모습은 아름답게까지 느껴졌다.

그렇게 2주간의 꿈과 같았던 경험을 뒤로 하고 나는 다시 현실로 돌아와야 했다. 다시 뉴욕에 돌아올 때는 미국에서 의사로 일하기 위해서였으면 좋겠다는 생각을 하며 한국행 비행기에 몸을 실었다.

○

만일 내가 그때
도움을 청했더라면

미국에서 보낸 시간은 짧지만 강렬했으나 막상 한국에 돌아와 달라진 것은 전혀 없었다. 2주라는, 짧으면서도 짧지 않은 시간을 보낸 탓에 시차 적응도 채 되지 않았던 나는 몸도 마음도 붕 뜬 채로 병동 실습을 돌기 시작했다. 지난 몇 년간 불안감의 늪에서 허우적거리던 내가 이번에는 '우울감'에 빠져들게 된 때가 바로 이 시점이었던 것 같다.

불안감에 시달리면서도 간신히 일상생활은 영위할 수 있었던 그 전과 달리, 이때부터는 아예 수업 시간에 아무것도 머릿속에 들어오지 않는 지경이 되었다. 처음에는 불안의 수준이 너무 심해진 나머지 뇌에 구멍이 난 것 같다는 생각이 들었다. 심지어 이제 내 뇌가 다시는 과거처럼 작동하기 힘들 것 같다는 절망적인 비관마저 들기 시작했다. 확실히 불안 수준을 넘어 문제가 심해졌다고는 생각했으나, 그럼에도 그 당시에는 집중력 저하가 우울증의 대표적 증상 중 하나라는 사실을 내 상태와 연결하지 못했던 것 같다.

불안감이 너무 심했을 때 내 심장이 과부하가 걸린 것 같다는 느낌이 들었던 것처럼, 우울에 빠진 뇌는 과부하로 완전히 멈춰버린 기계와 같이 전혀 작동하지 않았다. 그리고 이때부터 나의 사회적 기능 또한 현격하게 떨어지기 시작했다. 조별로 활동하는 병원 실습 기간에는 같은 조원들에게 민폐만 끼치기 일쑤였고, 그로 인해 위축된 나는 동기들과의 술자리나 모임을 예전보다도 더 적극적으로 피하기 시작했다. 정말 절친한 친구들조차 거의 만나지 않았다. 그러고는 틈만 나면 자취방에 홀로 누워 무기력하게 시간을 보내곤 했다.

'어디론가 사라지고 싶다.'

내 머릿속에 처음으로 그런 생각이 슬그머니 나타났다.

직접적으로 '죽고 싶다'는 마음까지 나아가지는 않았지만 아침에 눈을 뜨면 그냥 아무도 나를 모르는 어딘가에서 새로운 삶을 시작하고 싶다는 생각이 머릿속을 맴돌았다.

자연히 일상생활도 머릿속처럼 망가져갔다. 병원 실습을 마치면 몸에 해로운 자극적인 음식이나 패스트푸드로 황급히 허기만 달랜 후, 자취방에 오기만 하면 무조건 침대로 직행했다. 침대에서 조금 눈을 붙이고 일어나면 이미 늦은 밤이 되어 있었고, 책상에 앉아서 공부할 힘조차 없어 누운 채로 교재를 펼쳐 말 그대로 '눈에 발랐다'. 그런다고 해서 그 어려운 내용들이 머릿속에 입력되진 않았지만, 끊임없이 치러야 하는 시험을 어떻게든 통과하기 위한 나의 마지막 몸부림이었다.

심지어 시험 전날에도 침대에 누운 채 프린트와 족보를 보곤 했으니, 지금 되돌아보면 유급을 하지 않고 4년 만에 용케 졸업한 것이 기적이라고 하겠다. 차마 내가 처한 처지를 고백할 용기는 없었지만, 나이 먹고 골골거리는 나를 이유도 묻지 않고 묵묵히 도와준 동기들 덕분이었다.

지금 돌이켜보면 도무지 이해하기가 힘들다. 왜 나는 그토록 힘들어하면서도 주변 사람들에게 나의 힘듦을 솔직하게 털어놓지 않았을까? 정확히 기억은 나지 않지만, 나는 내가 겪는 힘듦이 '멘탈이 약한 탓', '나약한 탓'이라고 생각했던 것 같다.

　아직까지도 생생하게 떠오르는 장면이 있다. 동기들과의 술자리였는데, 유급한 한 동기가 우울증으로 힘들어했다는 이야기가 나오자 '아, 그 친구 멘탈이 강해 보였는데 아닌가 봐'와 같은 대화들이 오갔다. 그 말을 듣자 동기들에게 내 어려움을 털어놓고 싶었던 마음이 싹 달아났다. 주변의 동기들은 대부분 나보다 한참 어렸고, 이렇게 어린 친구들도 씩씩하게 잘만 지내고 있는데 나는 속으로 이토록 앓고 있다는 걸 순순히 인정하고 드러내기 싫었던 것 같다. 하지만 그때도 나는 사실 잘 알고 있었다. 내 상태가 매우 심각하며, 정신 건강 전문가의 도움이 절실히 필요하다는 걸.

　나중에 레지던트로 일하면서, 내가 전문가나 친구들에게 도움을 청하지 못하도록 막은 것은 결국 정신 질환에 대한

'사회적 낙인'이었음을 깨닫게 되었다. '정신 질환을 앓는 사람은 나약하다', '정신 질환은 의지의 문제고, 얼마든지 스스로 해결할 수 있다', '정신 질환을 앓는 사람은 멘탈이 약하다' 같은 사회적인 선입견이 머릿속에 나도 모르게 자리 잡고 있었던 것이다. 임상심리학을 공부하고 싶어 했던 심리학도였고 심지어 정신과 의사가 되고자 의학전문대학원에 입학한 의학도였던 내게도 정신 건강 서비스에 대한 심리적 장벽은 생각보다 훨씬 높았고, 나는 그 장벽을 끝내 넘지 못했다.

2023년 화제가 되었던 넷플릭스 드라마 〈정신병동에도 아침이 와요〉에도 주인공인 정신과 간호사가, 본인이 우울증에 걸리자 자신이 아프다는 사실을 부정하기 위해 안간힘을 쓰는 모습이 나온다. 물론 이는 병식病識(자신의 마음이 아프다는 자각)이 떨어지는 우울증 환자의 전형적인 양상이기도 하지만, 이와 동시에 정신 질환과 정신 건강 서비스에 대한 뿌리 깊은 낙인을 확인할 수 있는 대목이기도 하다. 드라마의 주인공을 보며 일상적으로 불안감과 우울감에 시달리면서도 끝까지 정신과의 문을 두드리지 못했던 내 과거가 겹쳐 보여 마음이 아팠다.

올림픽 23관왕이라는 놀라운 성적을 가진 수영 선수 마이클 펠프스Michael Phelps는 여러 강연과 인터뷰, 토크쇼에서 자신의 우울증을 고백한 바 있다. '더 이상 세상에 존재하고 싶지 않다'는 생각이 머릿속을 지배했을 즈음 펠프스는 스스로 정신병동에 입원했다고 털어놓았다. 그는 정신과 치료와 심리 상담에서 처음으로 자신의 마음을 터놓으며 다행히 힘든 시간을 이겨낼 수 있었다고 했다. 그래서 뉴욕대학교에서 레지던트 수련을 하던 당시, 맨해튼 거리를 걷다 보면 "심리 치료는 제 인생을 바꿨어요, 당신에게도 도움이 될 수 있어요"라고 말하는 펠프스의 모습을 전광판에서 심심찮게 볼 수 있었다. 프로레슬러 출신이자 우리나라에서는 〈분노의 질주〉로 유명한 배우 드웨인 존슨Dwayne Johnson도 자신의 우울증을 공개했었다.

미국에 온 후에야 뒤늦게 펠프스나 존슨의 용기 있는 발언들을 접하고 나서, '내가 만약 좀 더 일찍 이들의 이야기를 들었더라면 그때 나도 누군가에게 도움을 청할 수 있지 않았을까?' 하는 생각을 많이 했다. 실제로 미국에서 레지던트로 일할 때 뉴욕대학교 학생 보건소에서 근무하며 만난 학생들은 아무 부끄럼 없이, 아니 오히려 '자기 관리'라고 생각하며 당당하게 보건소에 찾아와 정신과 의사나 심리 상담사를 만나곤 했다.

우리 사회에서도 만약 전 국민이 사랑하는, 혹은 펠프스나 존슨처럼 강인함의 대명사인 누군가가 '나도 우울증 때문에 힘들었다', '나도 자살 생각에 시달린 적이 있었다'라고 솔직하게 말해줬더라면 나도 아마 용기를 낼 수 있지 않았을까. 그런 아쉬움에 나는 틈나는 대로 펠프스와 존슨의 이야기를 전한다. 혹여 우울증 혹은 다른 정신 질환 때문에 힘들어하면서도, 정신 건강 서비스에 대한 낙인이라는 장벽을 넘지 못해 혼자 괴로워하고 있는 누군가가 그들의 이야기를 듣고 도움을 청할 수 있지 않을까 하는 희망으로.

이렇게 용기를 내어 나의 젊은 시절 이야기를 딜어놓고 있는 것 또한 같은 이유에서다. 비록 내가 마이클 펠프스나 드웨인 존슨같이 잘 알려진 사람은 아니지만, 내 고백을 듣고서 누군가가 '정신과 의사조차 정신적인 문제로 저렇게 힘들었던 때가 있었구나'라고 생각하게 된다면 좋겠다. 나아가 '나만 문제가 있는 게 아니구나', '내가 약해서 우울한 게 아니구나', '나도 용기를 내봐야겠다'라고 마음먹을 수 있다면 내 고백에 충분히 의미가 있지 않을까.

조금 더 욕심을 내자면, 내 작은 고백에 이어 사람들에게 보다 많이 알려지고 전 국민의 사랑을 받는 유명인들도 스스로의 힘들었던 시기를 대중과 나눌 수 있다면 더 이상 바랄 것이 없겠다. 괜찮지 않아도 괜찮다는 것을, 그리고 그 사실을 주변에든 정신 건강 전문가에게든 털어놔도 된다는 것을 나 역시 늦게야 배웠다.

○

예전의 나로
돌아갈 수 있을까

그렇게 우울하고 불안했던 병동 실습 기간 중에도 내가 손
꼽아 기다리는 시기가 있었으니, 바로 5주간의 정신 건강의
학과 실습이었다. 본과 3학년은 내과에서 10주 동안 실습
을 받고, 그를 제외한 나머지 기간에는 외과, 산부인과, 정
신 건강의학과에서 각각 5주간을 실습을 하며 그 외에 다
른 전공 실습들을 1~2주씩 하는 식으로 1년을 보낸다. 선제
35~40주의 일정 중 정신 건강의학과 실습 기간은 5주를 차
지했는데, 10%를 넘어가는 수준이니 생각보다 꽤나 큰 비
중이었다.

나의 정신건강의학과 실습은 본과 3학년의 교육 과정이 4분의 3 정도 지났을 때쯤 시작되었는데, 신기하게도 뉴욕에서 실습을 받았을 때와 마찬가지로 이 기간 동안에는 우울과 불안감이 현격히 덜했다. 마치 나에게 잘 맞는 항우울제를 먹은 것처럼, 혹은 좋은 심리상담사를 만난 것처럼. 그렇다고 집중력이 완전히 회복된 건 아니었지만, 그래도 정신과에서 실습하는 동안은 수업 시간의 내용을 이해하고 교수님들의 질문에 제대로 대답할 수 있을 정도의 수준으로는 유지가 되었다.

서울대학교 병원의 정신과 병동에 처음 발을 내디뎠던 날은 오랜 꿈이 이루어진 듯한 기분이었다. 본과 1~2학년 당시 한 정신과 교수님의 연구실에서 학생 연구원으로도 잠시 일한 적이 있고, 미국에서 소아 환자들과 생활한 적도 있었지만 직접 '담당 환자'를 배정받아 면담을 하는 것은 처음이었다. 그래서인지 나의 '첫 환자'나 다름없었던 그분들과의 대화는 지금까지도 생생히 기억이 난다.

보라매병원에 일주일 동안 파견을 갔을 때는 진짜 정신과 의사처럼 환자들의 초진을 담당했는데, 이 한 주가 내가 의과대학에서 보낸 4년 중 가장 행복한 시간이었다. 많은 환자가 내 앞에서 자신의 사연을 이야기하며 눈물을 흘리곤 했는데, 괜히 그게 내가 정신과 의사로서 훌륭한 자질이 있다는 사실을 증명해 주기라도 하는 것 같아 한없이 떨어져 있던 자신감이 조금은 회복되었다. 사실상 아무것도 모르는 의대생 시절이었는데도 말이다. 생각해 보면 다른 학생들과 달리, 의예과로 입학했다면 이미 전공의 4년 차에 접어들었을 나이인 데다 액면가는 그 이상이었던지라(그때는 스트레스성 탈모가 심해서, 노화로 인한 자연스런 탈모가 시작된 지금보다도 나이가 들어 보였다) 환자들도 나를 아마 최소 정신과 레지던트이거나 교수라고 알고 있었을 것이다. 어쩌면 보통은 너무 바빠 오래 만나기 힘든 대학병원 교수가 자신을 위해 30분씩 시간을 쓴다고 생각하니 꺼내기 힘든 이야기들도 술술 나왔을지도 모르겠다.

그렇게 5주간 보낸 정신과에서의 실습은 나에게 '삶의 의미'라는 걸 선물해 준 최고의 항우울제였다. 〈유퀴즈〉 출연 이후 과분한 칭찬들을 참 많이 들었는데, 그중 하나가 '천상 정신과 의사'라는 말이었다. 솔직히 말하면 내가 천상 정신과 의사라기보다는, 정신과 의사라는 직업이 나에게 크나큰 선물이었다는 표현이 더 적합할 것이다. 그만큼 그 5주간의 실습은 언제 끝날지 모르는 불안감과 우울이라는 사막에서 헤매는 내게 단비와도 같았다. 그 실습이 없었더라면, 그리고 그에 앞서 2학년을 마치고 했던 뉴욕 소아정신과 병동에서의 실습이 없었더라면 아마 나는 의과대학을 제때 졸업하지 못했거나 아예 다른 인생을 살게 되었을지도 모른다. 실습으로 힘들었던 한 해 내내 그 5주간만을 바라보며 버틸 수 있었고, 3학년 때 해야 하는 모든 실습을 무사히 마칠 수 있었다.

돌이켜보면 그때의 내 상태는 아마도 '범불안장애', '사회불안장애' 그리고 '우울감을 동반한 적응장애' 정도로 진단을 내릴 수 있을 것이다. 적응장애는 대개 극심한 사회적 스트레스를 계기로 정서, 행동 문제들이 나타나며 스트레스가 발생한 후 3개월 이내에 증상이 시작되는데, 내 경우에는 의과대학의 극심한 학업 스트레스, 그중에서도 본과 3학년 병동 실습에서의 스트레스가 직접적 계기였다. 적응장애는 정신과 외래 진료에서 가장 많이 만나는 진단명 중 하나이기도 하다.

내가 우울감을 극복할 수 있었던 데는 정신과 실습 외에도 부모님, 그리고 당시 여자 친구였던 현재 아내의 힘이 컸다. 나는 나의 심각한 상태에 대해 주변의 친구들에게는 도저히 말을 꺼낼 수 없었다. 하지만 누구보다도 든든한 나의 지원군인 부모님께는 나의 힘듦에 대해 숨김없이 말씀을 드렸다. 그런 어려운 이야기를 털어놓았을 때도 부모님은 늘 그래오셨듯이 나를 무조건적으로 지지해 주셨다. 어느 날은 너무 힘들고 앞이 보이지 않는 나머지 더 이상 학교를 다닐 수 없을 것 같다고 고백하자 어머니는 따스하게 말씀하셨다.

"네가 힘들면 그만둬도 좋아. 엄마와 아빠는 네가 어떤 선택을 하든 지지할 거야."

내가 항상 감사하게 생각하는 점은, 우리 부모님이 늘 한결같이 내 의견을 존중해 주셨다는 것이다. 부모님은 날 키우는 내내 누구와도 나를 비교하지 않으셨다. 그 어떤 조건도 없이 언제든 늘 나를 지지해 주는 가장 큰 지원군이었고,

단 한 번도 나를 당신들의 기준에 맞추려고 하시지 않았다.

만약 내 힘듦을 고백했을 때 부모님이 오히려 "이제 곧 졸업인데, 고지가 눈앞이니 조금만 더 참으면 어떨까?" 하는 식으로 회유하거나 설득하려 하셨다면 나는 정말로 학교를 휴학하고 더 깊은 우울로 빠져들었을지도 모르겠다. 하지만 나를 있는 그대로 오롯이 받아들여주시고 따뜻하게 지지해 주시는 부모님 덕택에 나는 앞으로 나아갈 힘을 얻을 수 있었다.

인본주의 심리학의 창시자인 칼 로저스Carl Rogers 박사는 '무조건적 긍정적 존중Unconditional positive regard'의 절대적인 지지자였다. 무조건적 긍정적 존중이란, 말하자면 상담자가 내담자(상담을 받는 사람)에 대해 무조건적인 수용과 지지를 보내는 것이다. 그와 같은 수용과 지지를 경험한 사람은 자기 자신의 내적인 힘을 믿게 되고 앞으로 나아갈 힘을 얻을 수 있다. 상대방의 거절 또한 두려워할 필요가 없기에 진정한 자신의 모습을 드러내게 된다는 효과도 있다. 로저스는 이러한 무조건적 긍정적 존중이 단순히 상담자와 내담자 사이의 관계뿐 아니라 모든 건강한 인간관계의 전제 조건이라고 여겼다. 그리고 내가 그의 이론을 믿게 된 것은 다름 아닌 어린 시절 부모님과 나와의 관계를 통해서였다. 나는 부모님의 무조건적 수용과 지지가 지금의 나를 만들었다고 생각한다.

마찬가지로 의과대학 동기였던 아내와 나는 본과 4학년 때 커플이 되었고, 그녀의 지지 또한 내가 우울감에서 벗어날 수 있는 큰 원동력이 되어주었다. 우리는 본과 4학년 봄부터 거의 1년 동안을 하루도 빼놓지 않고 만났는데, 그 과정에서 나의 우울감도 조금씩, 느리지만 확실하게 나아져 갔다. 내 마음속에 완전히 터를 잡아버린 불안감이란 괴물도, 끊임없이 침잠하는 것 같은 우울감도 언젠가는 사라지고 예전의 나로 돌아갈 수 있으리라. 그렇게 애써 스스로를 위로하며 나는 위태롭게 한 발 한 발 걸음을 계속해 나갔다.

○

누구나
아플 자격이 있다

적응장애와 동반된 우울한 감정은 다행히 졸업 후 미국으로 건너오면서 겪은 환경의 변화, 그리고 주변으로부터 받은 단단한 사회적 지지 덕분에 천천히 완화되었다. 그러나 불안 증세는 조금 덜해졌을 뿐 아주 크게 나아지지는 않았다. 그리고 그 증세는 미국에서의 공중보건 석사 과정 때에 이어 레지던트 시기까지 지속되었다.

사실 어찌 보면 나의 힘든 시간은 누군가에게 어린아이의 투정처럼 느껴질 수도 있다. 아니, 심지어 아픔의 당사자인 나에게도 그렇게 느껴졌다. 이 책을 쓰던 초기, 영국

의 정신과 의사인 린다 개스크Linda Gask 박사의 저서 『우울
을 먼저 말할 용기』의 추천사를 써달라는 부탁을 받았다.
책은 개스크 박사가 어린 시절 아버지를 떠나보낸 이야기
부터 시작해 중증의 우울증과 함께 살아온 삶의 발자취를
담고 있다. 내가 써 내려가던 힘들었던 경험은, 때마침 읽게
된 개스크 박사의 경험에 비하면 너무나 보잘것없게 느껴
졌다. 그녀의 삶은 누가 봐도 고통스러워 보였으므로. 그에
비하면 내 고통의 무게는 한없이 가볍게만 느껴졌고, 그러
다 보니 어느 순간 나는 스스로에게 끊임없이 되묻는 나를
발견했다.

'이게 정말 책에 담을 만한 내용일까? 나보다 훨씬 힘들
었던 사람들에겐 너무 하찮게 보이지 않을까?'

하지만 이내 생각을 다잡았다. 정신과 의사로 살면서 '누
군가의 주관적 고통을 비교하는 일은 아무 의미가 없다'는
것 한 가지만큼은 배웠으므로. 실제로 누군가를 위로할 때
가장 도움이 되지 않는 방법은, 그 사람만의 특별한 경험인
주관적 고통을 다른 사람의 아픔과 비교하는 것이다. 아픔
을 고백하는 주변인에게 우리가 흔히 건네는 "그래도 너는

○○보다는 상황이 낫잖아" 하는 식의 말은 아무런 위로도 되지 못한다. 모든 고통은 주관적이다.

그래서 나는 나의 힘들었던 시기에 대해 떳떳하고자 한다. 그게 설사 누군가에게는 별것 아닌 일처럼 느껴질지라도 그 시절의 나는 아무런 미래가 보이지 않을 만큼 힘들었으므로, 지금 과거의 나와 비슷한 이유로 힘들어하는 누군가가 독자일 수도 있으므로 용기를 내기로 했다.

어찌 보면 나의 고통의 크기를 타인의 아픔과 비교하는 버릇은 우리가 곪은 마음을 끌어안고도 힘들다고 내색할 수 없는 이유이자, 자꾸만 아픈 스스로를 탓하게 되는 원인인 것 같기도 하다. '남들은 나보다 훨씬 힘든데도 잘만 지내는데, 나는 왜 이렇게 나약할까?' 같은 생각들 말이다.

하지만 정신과 의사로서 단언컨대, 그러한 생각은 잘못되었다. 첫 번째 이유는, 더할 나위 없이 잘 살고 있는 것처럼 보이는 사람들도 사실 잘 못 지내고 있을 수 있기 때문이다. 의과대학 시절 나는 나만 힘들다는 생각에 주변에 어떤 말도 꺼내지 못했지만, 알고 보니 나와 마찬가지로 말없이 끙끙대다가 유급하는 친구들이 많았다. 또한 대외적으로 멀쩡해 보임에도 속으로는 곪아가고 있는 사람들을 나는 진료실에서 매일같이 만난다. 내 앞에 와서 힘듦을 고백하는 그 사람을 누군가는 '저 사람의 인생은 정말 완벽해'라며 부러워하고 있을지도 모른다는 뜻이다. 그러니 내 고통의 크기를 남과 비교하는 게 얼마나 허상 같은 일인가.

그리고 두 번째 이유는, 힘들다면 나약하기 때문이 아니라 아플 만하기 때문이다. 끔찍한 트라우마를 겪어야만 마음이 아플 자격이 있는 것은 아니다. 내가 진료실에서 만나는 환자들 중에는 트라우마를 경험한 사람도 있지만, 별다른 트라우마 없이도 아픔을 겪고 있는 사람이 훨씬 많다.

그래서 내 경험담을 듣고 '에게, 고작 이런 걸로 투정이야?'라고 반응하는 사람이 있다면 오히려 내가 고백한 의도의 절반 정도는 이룬 것이라고도 할 수 있겠다. 누군가에게는 하찮아 보일 정도의 일들로도 어떤 이는 더 이상 일상을 살아낼 수 없을 만큼, 삶을 견디기 힘들 만큼 아플 수도 있다는 것을 나는 보여주고 싶었기 때문이다. 누구나 아플 자격이 있다.

"우울증을 앓는 사람에게

'세상이 얼마나 아름답고,

그들이 감사하고 행복해야 할

이유들이 얼마나 많은지'에 대해 말해주는 것은

마치 색맹인 사람에게 세상이 얼마나

다채로운 색을 가졌는지 보라고 말하는 것과 같다."

– 아티쿠스Atticus (작가)

2장

트레드밀에서 내려오자
비로소 보이는 것들

"의사는 좋은 직업이야. 그래도 그냥 직업일 뿐이지! 우리 삶엔 더 중요한 것들이 있고, 나는 너의 선택을 존중해."

내가 뉴욕으로 병원을 옮긴다고 했을 때, 당시 함께 근무하던 메이요 클리닉Mayo Clinic의 동기가 나에게 보낸 이메일 중 일부다. 나의 결정을 존중해 준다는 말에 고마운 마음도 잠시, 나는 큰 충격에 한동안 모니터를 넋 놓고 쳐다볼 수밖에 없었다. '의사는 그냥 직업일 뿐'이라는 그 한마디를.

별것 아닌 그 말이 뭐가 그렇게 충격이었을까? 아마 내가 평생 동안 그와 정반대의 가치관을 주입받으며 살아왔기 때문이었으리라.

나는 어릴 때부터 가슴이 뛰는 일, 내 모든 것을 바칠 수 있는 일을 찾으라는 사회의 압박 속에서 자랐다. TV나 신문 속에 나오는 어떤 사람들은 아이들이 야망을 가져야 한다고 했고, 서점가를 장식한 자기계발서들은 청년들에게 무언가에 '미쳐볼' 것을 강요했다. 유명인들의 자서전은 많은 경우 어린 시절부터 하나의 꿈을 향해 달려가 마침내 성공까지 해낸 완벽한 서사들을 전하곤 했고, 그런 책들은 으레 10대와 20대가 꼭 읽어야 할 필독서로 지정되었다.

그런 사회 분위기 속에서 20대의 나는 참 끈질기게도 꿈을 찾아 헤맸다. 그러던 어느 순간부터 정신 건강 문제에 관심을 갖기 시작했고, 심리학과를 졸업한 후 정신과 의사가 되기 위해 뒤늦게 의학전문대학원에 가게 되었다. 그러고는 우여곡절 끝에 졸업한 후 그제야 비로소 정신과 의사라는 '꿈'을 이룰 수 있었다.

그렇게 정신과 의사가 된 지 1년도 채 지나지 않아 듣게 된 '그냥 직업일 뿐'이라는 친구의 말은 늘 가슴이 뛰는 일을 해야만 할 것 같고, 꿈을 좇아야만 청년이라 말할 수 있으며 남들과는 다른 삶을 살아야만 할 것 같았던 나에게 새로운 시각을 보여주었다.

'의사는 좋은 직업이야. 그래도 직업일 뿐이지.'

그 시각을 완벽하게 받아들였다고 말할 수는 없지만, 신기하게도 동기의 말을 접한 이후로 내 삶의 많은 스트레스가 사라진 것도 사실이다. 정확히 말하면 지금도 여전히 의사라는 직업상 맞닥뜨리는 다양한 일에 대해 고민하고 살긴 하지만, 그 고민들이 '일 밖의 일상'을 흔들어놓지는 않는다는 표현이 맞을 것 같다. 직장에서 힘든 일이 있거나 불쾌한 일이 생겨도 집에 오면 자연스럽게 잊게 되며, 환자들에 대한 걱정이 퇴근 후 가족과 보내는 나의 일상을 흔들어놓지는 않는다.

그러나 그것이 내가 일을 가벼이 여긴다는 뜻은 결코 아니다. 혹시나 내가 환자를 소홀히 대할 것이라고 생각하지 않을까 노파심에 하는 말이다. 다음 날 출근하면 전날에 이어 내가 환자를 위해 무엇을 더 할 수 있을지, 어떻게 해야 환자의 상태를 나아지게 만들 수 있을지 다시금 깊이 연구하며, 시간 가는 줄 모르고 고민에 골몰할 때도 자주 있다.

나는 꿈을 좇는 청년들을 응원하고, 청년들은 모름지기

그래야 한다고 주창하는 사람들의 의견 역시 충분히 존중한다. 나 역시 아직 이상주의자이기도 하지만, 직장을 중차대한 삶의 터전으로 인식하고 직업을 스스로와 동일시하는 경향이 강한 우리 사회에 조금은 다른 시각을 제시하는 것 또한 의미가 있지 않을까?

나는 내 직업에 감사한다. 환자를 보는 순간에는 내 눈앞의 환자에게 전념하는 것은 물론이고, 그들의 아픔을 최대한 덜어주기 위해 부단히 노력한다. 그럼에도 '정신과 의사'라는 직함은 나의 직업일 뿐, '나종호'라는 인간을 규정하지는 않는다. 그렇게 생각하면 내가 환자에게 해고fire를 당해도(미국에서는 환자와 의사가 함께 일하는 관계work with이므로, 환자가 정신과 의사를 '해고한다'는 표현을 쓴다), 환자가 나에게 욕을 해도, 심지어 내가 정신과 의사로서 특출 나지 못한 것 같아도 내 일상생활은 변함없이 풍요로울 수 있다. 일은 일이고, 내 개인적인 삶은 일과 구분되는 나만의 고유한 영역이기 때문이다.

이렇게 인식하니 내가 직장에서 느낀 감정을 가족들에게 전가하지 않을 수 있으며, 일상을 평온하게 유지함으로

써 나의 정신 건강을 유지할 수도 있다. 그토록 분주하게 살면서도 한 번도 번아웃을 경험하지 않을 수 있었던 것은, 그 친구의 말 덕에 일과 내 개인적 삶을 마음속에서 분리할 수 있게 되었기 때문이라고 생각한다. 그래서 역설적으로 그 마음가짐을 바탕으로 나는 보다 나은 정신과 의사가 될 수 있다.

나의 멘토들은 대부분이 평생을 명문 대학교에서 지내면서 수백 편의 논문을 낸 대가들이다. 그렇지만 수십 년에 걸쳐 한 분야에서 일가를 이룬 그들조차 은퇴하면 금방 많은 사람의 기억 속에서 잊힌다는 걸 자주 목격했다. 은퇴한 지 수년밖에 지나지 않아도 말이다. 꼭 은퇴하는 경우가 아니라도 마찬가지다. 아무리 업무적으로 뛰어난 사람이라 해도 사정이 생겨 당장 일을 하지 못하게 될 경우, 얼마 지나지 않아 그의 역할을 대신할 사람을 구할 수 있다. 우리는 대부분 '목숨 걸고' 직장에서 살아가지만 사실 쉽게 대체할 수 있는 존재이며, 이와 반대로 일 때문에 소홀해지기 쉬운 '가정에서의 우리'는 절대로 대체 불가능한 존재다. 나는 이 점을 언제나 인지하고 있으려 노력한다.

어느 날, 은퇴한 교수님과 연구에 대해 이야기를 하던 중이었다. 그가 문득 떠올랐다는 듯 웃으면서 나에게 질문을 던졌다.

"나 교수, 요즘 아이랑은 시간을 많이 보내나?"

내가 머뭇거리며 대답하지 못하자 그는 이내 이렇게 말하며 나를 토닥여주었다.

"돌이켜보면 내가 가장 저명한 저널에 낸 논문보다 기억에 남는 건 정작 그런 것들이더라고. 딸의 졸업 공연, 아들과 함께 낚시를 갔던 기억 같은 것들 말이야……. 그러니까 자네도 논문 하나하나에 너무 스트레스 받지 말라고."

○

"내가 너였다면,
나라도 그랬을 거야"

사실 미국 사회에서 살아보고 싶다는 생각을 처음 한 것은 뉴욕에 실습을 가기보다 한참 전이었던 고등학생 시절이었다. 나는 박찬호 선수 덕에 메이저리그 야구를 즐겨보곤 했는데, 어느 날 톰 글래빈Tom Glavine이라는 당시 뉴욕 메츠의 에이스 선발투수가 플레이오프 직행이 결정되는 정규 시즌 마지막 경기에서 처참하게 두들겨 맞고 강판당한 적이 있었다. 그는 7실점을 한 채 1회조차 넘기지 못하고 마운드에서 내려왔다. 플레이오프 진출권이 걸린 마지막 경기를 망친 글래빈에게는 당연히 수없이 많은 비판이 쏟아졌다. 직

후에 게재된 그의 인터뷰 기사를 읽고 나는 놀라움을 감출 수 없었다.

"기자들은 나에게 계속 절망했는지devastated 묻는데, 나는 나 자신에게 실망했을disappointed 뿐입니다. 물론 어제 경기는 우리에게 매우 중요했고 저는 제 자신뿐 아니라 주변 사람들까지도 실망시켰죠. 하지만 저는 야구 경기 때문에 '절망감'을 느끼지는 않아요. 가령 제 딸아이의 친구는 최근 다리에 악성 종양이 발견되어 다리를 절단해야만 했습니다. 그런 것이 '절망적인' 상황이죠. 저는 분명 스스로에게 실망했지만 내일이면 여느 때와 다름없이 아침에 딸아이의 포옹을 받을 것이고, 제게는 그보다 중요한 일은 없습니다."

그때까지만 해도 우리 사회는 어머니가 돌아가신 상황에서도 촬영에 임했다는 어느 유명 배우의 에피소드가 미담처럼 회자되던 시대였다. 그런 상황에서 접한 글래빈의 발언은 내게 너무나 충격적이었다. 그때부터 '미국은 가속을 대단히 중요시하는 사회구나'라는 환상을 막연하게나마 품게 되었던 것 같다. 사실 미국에 살면서 미국에 대한 많은 환상이 깨졌지만, 이 환상만큼은 아직 깨지지 않았다.

본과 시절에는 류현진 선수의 동료이기도 했던 LA 다저스의 에이스 투수 잭 그레인키Zack Greinke가 메이저리그 연속 이닝 무실점 기록을 세울 수 있는 상황에서 아내의 출산에 함께하기 위해 선발 등판을 취소한 일이 있었다. 컨디션 조절과 루틴이 생명인 투수에게 등판을 거른다는 것은 그만큼 대기록을 달성할 가능성을 낮추는 일이다. 아니나 다를까, 그는 다음 선발 등판에서 실점을 기록했고 메이저리그 역사에 이름을 남길 수 있는 기회를 잃었다.

비슷한 시기 한국 프로야구에서는 손아섭 선수가 부친상 때문에 총 100게임 이상을 치르는 정규 시즌 중 한 경기를 빠져야 하느냐 마느냐 하는 논쟁이 있었던 걸 생각하면, 그레인키의 이 사건이 그때의 내게 얼마나 큰 의미로 다가왔을지 짐작할 수 있을 것이다. 고작 야구 경기를 보고 미국에 갈 결심을 굳힌다는 게 지금 돌아보면 우습지만, 나는 일련의 사례들을 보며 '가족과 더 많은 시간을 보내며 살고 싶다'는 내 마음속의 이상향에 조금 더 맞닿아 있는 곳이 바로 미국이란 생각을 조금씩 키워나갔다.

그런 개인적 배경에 뉴욕 실습이라는 잊지 못할 경험까지 더해진 후로 나는 줄곧 미국을 이상향으로 그려왔다. 완전히 다른 환경으로의 도전이 결코 만만한 일은 아닐 것이라고 판단하긴 했지만, 사막을 걷는 것과 같았던 그 당시의 내 상황에서는 오아시스의 존재를 믿어야만 쓰러지지 않고 조금씩이나마 나아갈 수 있었다. 지금은 미국 생활이 결코 낭만적이지만은 않다는 것을 너무나 잘 알고 있고 자주 한국에의 향수에 잠기기도 하지만, 그때는 그렇게 믿어야만 내가 살 수 있을 것 같았다. 당연히 주변 사람들은 그렇게 '미국 병'에 빠져 있던 내가 마음에 들지 않았을 수도 있을 것이다(여담이지만 지금은 이 '미국 병'이 깨끗이 나았다. 내가 발견한 미국 병의 치료제는 바로 미국에서 살아보는 것이다).

그래서였을까, 의학전문대학원에 다니던 시절 미국행에 대한 소망을 꺼내기라도 하면 몇몇 사람들은 비난조로 날카로운 말을 건네기도 했다.

"미국 가면 뭐가 다르기라도 할 것 같아? 사람 사는 데는 다 똑같아."

그럼에도 오아시스의 존재를 부정하는 사람들의 말을 믿

어버리면 간절히 목말라 있던 내게는 앞으로 나아갈 원동력이 사라지는 것이나 마찬가지였기에 나는 그 말을 무조건 부정할 수밖에 없었다. 게다가 그와 같은 관점은 사회과학의 전제 조건인 '환경의 중요성'을 무시하는 듯 느껴지기도 했다. 사회과학대학에서 심리학을 전공한 나로서는 당연히 그 의견에 동의하지 못했다. 지금도 그 생각에는 변함이 없다. 사람 사는 곳은 천차만별이다. 한국과 미국은 엄연히 다르고, 사람 사는 데는 '다 똑같지 않다.' 심지어 미국 내에서도 주마다 사람 사는 모습은 매우 다르다. 조금 과장을 보태면, 뉴욕과 서울의 차이보다 뉴욕과 미시시피의 차이가 더 클지도 모른다.

그래서 미국 병이 싹 나은 지금도 나에게 '다시 10년 전으로 돌아가면 미국에서 수련받을 거야?'라고 누군가 물어본다면, 그때와 다름없이 미국에 가겠다고 말할 것 같다. 다른 모든 이유는 사실 부차적이며, 내가 미국에 가고 싶었던 가장 큰 이유인 '가족과 더 많은 시간을 보내고 싶다'는 목적만큼은 충분히 이룰 수 있었고 실제로 나에게 가족과 보내는 시간이 너무나 소중하므로.

우리 가족이 떨어지지 않고 함께 시간을 보낼 수 있었던 배경에는 내가 정신과 레지던트로 처음 일하기 시작했던 '메이요 클리닉'이라는 병원 은사님들의 헌신적인 지원이 있었다. 미네소타주에 위치한 메이요 클리닉은 한국에는 잘 알려져 있지 않지만 미국에서 가장 이상적인 의료 시스템과 직장 문화를 갖춘 병원으로 꼽힌다. 그곳에서 1년 차 정신과 레지던트로 일하면서 나는 의학이라는 학문이 꼭 삭막하지만은 않을 수 있다는 사실을, 레지던트 수련도 격려와 칭찬이 가득한 환경에서 이루어질 수 있다는 사실을 태어나서 처음으로 알 수 있었다. 이처럼 좋은 기억으로 가득했던 수련 환경이었지만 아내의 직장 사정으로 인해 나는 메이요 클리닉을 떠나 뉴욕의 병원에 이직하기로 결심하게 되었다. 보통 미국의 정신과 수련 과정은 4년 동안 이루어지는데, 1년 차를 마치고 2년 차를 바로 다른 병원에서 시작할 수 있도록 나는 메이요 클리닉에서의 수련을 6개월 정도 마친 시점부터 이직 준비를 시작해야 했다.

드물긴 하지만 미국에는 레지던트 과정 중에 병원을 옮긴 사례가 실제로 왕왕 있다. 워낙 국토 면적이 넓으니 가족과 관련된 불가피한 이유가 생기면 이직을 하는 것이다. 그렇다고 해서 결코 흔한 케이스는 아니기에, 이직에 대한 결심을 지도 교수님과 수련부장program director 교수님(레지던트 교육을 총괄하는 교수)에게 어떻게 꺼내야 할지 막막하게만 느껴졌다. 한국적인 사고방식에 오래 길들여진 내게, 이유를 불문하고 수련받는 병원을 바꾼다는 것은 마치 '배신'처럼 느껴졌다. 그렇지만 언제까지고 미룰 수는 없었다. 결국 수련부장 교수님과 약속을 잡았고, 만난 자리에서 나는 매우 어렵게 입을 열었다. 교수님은 레지던트들에게 때로는 어머니와 같으면서도 호불호가 분명하고 말을 직설적으로 하는 타입이었다. 나는 최대한 차분하게, 덤덤하면서도 너무 감정에 호소하지 않으려 노력하며 우리 가족이 처한 상황과 '이직'이라는 결론에 다다르게 된 내 사고 과정을 설명했다. 말하는 내내 조심스러웠고 조마조마했다. 그렇게 말을 이어가자 교수님은 어딘가 불편한 것처럼 표정을 찡그리면서 입을 열었다. 순간 '역시 기분이 나쁘셨구나', 걱정이 엄습했다.

"나 선생, 우리는 생각하지 말고 너한테 가장 좋은 선택을 하렴."

뜻밖의 대답에 조금 놀랐다. 한국에서 모든 학업 과정을 마친 나에게 교수님들은 그때까지는 여전히 어려운 존재였다. 미국에서는 우리나라에 비해 상대적으로 교수와 레지던트 간의 관계가 수평적인 편이지만, 그럼에도 수련부장 교수와 레지던트의 관계는 매우 독특하다. 레지던트의 인사권에 대해 막대한 영향력을 가지고 있기 때문에 수련부장 교수가 마음만 먹으면 레지던트의 인생은 매우 힘들어질 수도 있다. 그래서 말을 꺼내기 더욱 조심스러운 것도 있었다. 물론 교수님이 화를 낼 거라고 예상하지는 않았지만, 내가 예상한 반응은 '동료들을 위해 다시 생각해 보는 건 어떨까?'라든지, '3년이면 길지 않은 시간이야. 네 커리어를 위해 가족과 잠시 떨어져 사는 건 어떨까?' 정도의 수준에서 벗어나지 못했다. 그녀는 더 놀라운 말을 이어갔다.

"나 선생을 잃는 건 우리로서 엄청난 손실이야. 그리고 나는 정말 너를 보내기 싫어. 아마 네가 떠나면 가슴이 찢어질 만큼 힘들 거야. 그렇지만 너는 너와 네 가족에게 가장 좋은 선택을 해야만 해. 내가 도와줄 건 뭐 없니? 이직을 위해 추천서가 필요하다든가, 너무 스트레스가 심해서 쉬고 싶다든가 하는 것 말이야. 아무튼 필요한 게 있다면 뭐든지 말하렴. 정말 짜증나는 상황이다, 그렇지? 젠장. 욕 좀 할게. 그래도 괜찮지?"

예상치 못한 반응에 나는 조금은 놀란 가슴을 진정시키며 무사히 대화를 마쳤다. 그러고는 감사한 마음을 가득 안고 방을 나섰다.

그 다음에는 내가 레지던트 생활을 시작한 첫날부터 나를 누구보다도 믿어주고 전폭적으로 지지해 준 지도 교수님을 만나서 이야기를 할 차례였다. 한국인 어머니와 백인 아버지를 둔 이 교수님은 나에게 매주 기꺼이 시간을 내어주면서 본인이 레지던트 시절 공부한 책들을 빌려주고, 미국의 병원 문화에 익숙하지 않은 나에게 전화를 받는 법부터 환자 보고를 하는 법, 데이터를 분석하는 법 그리고 논문을 쓰는 방법까지 하나하나 부모가 걸음마를 가르쳐주듯 나를 이끌어주었다. 누구보다도 날 아껴주신 분이었기에 나는 지도 교수님께 내 이직 결심을 알리는 것이 수련부장 교수님께 말하는 일보다 더 힘들었다. 하지만 가족을 생각하며 이내 마음을 가다듬고 내 결단을 전했다.

"교수님, 최대한 메이요 클리닉에 남고 싶었지만 이제 곧 태어날 딸까지 생각하면 아내와 떨어져서 사는 건 너무 힘들 것 같습니다. 그래서 이직을 준비해야 할 것 같아요."

진지한 표정으로 내 이야기를 듣던 교수님은 갑자기 미소를 지으며 말했다.

"나라도 그랬을 거야. 내가 자네와 같은 상황이었다면 당연히 똑같은 결정을 내렸겠지(I would have done the same if I were you)."

또 한번 예상치 못한 답변에 이번에는 눈물이 주체할 수 없을 만큼 왈칵 쏟아져 나왔다. 과분한 사랑을 받고도 6개월 만에, 4년 과정 중 고작 1년만을 채우고 떠나겠다고 말하는 제자를 아무렇지 않은 듯이 전적으로 이해해 주는 모습에 감정이 북받쳤던 것이다. 벅찬 마음에 눈물만 흘리고 있는 내 어깨를 두드려주시며 교수님은 말을 이어갔다.

"나 선생, 가정을 소홀히 하는 남자는 아무것도 할 수 없어. 자네가 만약에 이직이 아닌 다른 결정을 내렸다면 나는 오히려 실망했을 거야. 병원을 옮기는 것에 대해서 나나 다른 사람들에게 미안해할 필요는 전혀 없네. 자네는 옳은 결정을 내린 거야."

그러고 나서 누가 이 결정에 대해 아느냐고 물었다. 당신을 제외하곤 수련부장 교수님에게 오전에 말한 것이 전부라고 말씀드리고, 수련부장 교수님도 전폭적인 지지를 약속했다고 덧붙였다. 그러자 그는 웃음을 터뜨리더니 이렇게 말했다.

"슈링크shrink(미국에서 정신과 의사를 부르는 속어) 두 명이 같은 상황에 대해 똑같은 의견을 보이는 건 매우 드문 일이지. 그러니까 자네는 옳은 결정을 한 거야. 자, 커피나 한잔 마시러 갈까?"

커피를 마시러 걸어가는 내내 교수님은 앞으로 어떻게 계획을 짜서 어떤 식으로 이직을 준비해야 할지에 대해 조언해 주셨다. 수련부장 교수님과 상의해서 최고의 지원을 해주겠다는 약속과 함께 말이다.

그렇게 눈물을 한 움큼 쏟아내고 집에 가던 길, 휴대폰에 이메일이 도착했다는 알림이 떴다. 방금 만난 교수님으로부터였다. '가족을 우선시한 네 결정은 옳으며, 이에 대해서 다시는 미안해하지 말라'고. 멘토링은 원거리에서도 가능한 장기적인 관계이니 걱정하지 말라는 다정한 말도 함께였다. 그날 처음으로 생각했던 것 같다.

'미국에 오길 참 잘했다.'

나는 꽤나 오랫동안 미국 병을 앓아왔지만 원대한 세상을 보고 싶다거나 큰 무대에 서고 싶다, 최첨단의 교육과 기술을 배우고 싶다는 욕구보다는 '가족 중심의 사회에 살고 싶다'는 개인적인 이유가 강했다. 그래서였을까, '의료계의 디즈니랜드'라고 불리는 메이요 클리닉에서 수련을 받으면서도 미국에 오길 잘했다는 생각은 거의 하지 못했던 것 같다. 메이요 클리닉은 실제로 상상 속에서나 존재하던 최고의 업무 환경을 갖추고 있었으나 고국에 대한 향수와 모국어가 아닌 언어를 사용한다는 데서 오는 답답함, 미세한 문화적 장벽 등이 뒤얽혀 마냥 '오길 잘했다'고 생각하기에는 어딘지 모를 부족함을 느끼고 있었다. 그런 나에게 이날 두 교수님과의 만남은 미국행에 대한 나의 망설임을 확신으로 바꿔주었다.

그렇게 나는 수많은 사람이 '내가 너였어도 당연히 그랬을 거야'라며 기꺼이 나의 입장에 서준 덕분에 처음으로 날 반겨준 메이요 클리닉을 떠나 뉴욕대학교로 이직을 할 수 있었다. 그들이 나에게 보여준 든든하고 따뜻한 지지를 간직하고서.

○

누구를 위한
의사가 되어야 할까

메이요 클리닉에서 일했던 기간은 단 1년 남짓으로 길지는 않지만, 노인 병동에서 만났던 중증 치매를 앓는 할머니는 여전히 내 기억 속에 강하게 남아 있다. 한없이 해맑던 할머니는 그 표정과는 달리, 날이 갈수록 심해지는 피해망상과 환후幻嗅(존재하지 않는 냄새를 맡는, 일종의 환각)로 병동에 입원했다. 바로 옆집에 사는 이웃이 알 수 없는 마약을 제조한다고 믿고 있었고, 갈수록 심각해지는(실제로 존재하지 않는) 마약 냄새와 이웃이 자신을 해할 것이라는 망상에 사로잡혀 남편의 손에 이끌려서 병원에 오게 된 것이었다. 할머니는 병동에 입원한 후에도 전혀 증상이 나아지지 않고 오히려 악화되고만 있었기에 가장 마음이 쓰이는 환자이기도 했다.

할머니는 퇴원 전날, 지금까지는 언급한 적 없었던 발가락 통증을 호소하기 시작했다. 검진상으로 어떤 이상도 보이지 않았지만, 할머니가 걱정되는 마음에 퇴원을 하면 꼭 원래 다니던 병원의 주치의에게 발가락 통증에 대해 말씀하시라고 당부하며 남편에게도 말해두겠다고 덧붙였다. 그러던 찰나에 할머니는 갑자기 하염없이 눈물을 흘리기 시작했다. 그러고서는 당신이 나의 의사여서 너무 다행이라고 말하는 것이다. 당황해서 왜 그러시냐고 묻자 할머니는 눈물을 멈추지 않으며 대답했다.

"그동안 의사들을 만나며 안 좋은 경험을 많이 했어요. 그렇지만 당신은 그러지 않았죠. 당신을 만나서 좋았어요, 고마워요."

순간적으로 스스로를 반성하게 되었다. 그리고 생각했다. '다 기억하는구나, 환자들은. 뇌는 기억하지 못하더라도.'

사실 할머니를 진료할 때마다 나도 모르게 '이 할머니가

날 기억하기나 할까?' 하고 의심을 하곤 했다. 할머니는 매일매일 처음 만난다는 듯한 표정으로 날 바라보곤 했으므로. 부끄럽지만 솔직히 말하면, 할머니는 어차피 나를 기억하지 못하리라는 생각에 다른 환자들에 비해 대화에 시간을 덜 들였던 것이 사실이다.

실제로 할머니는 퇴원하기 전날까지도 내 이름을 기억하지 못했지만, 그럼에도 의사들이 자신을 어떻게 대했는지만큼은 선명하게 알고 있었다. 그날의 경험은 앞으로 어떤 환자를 만나더라도, 설령 그들이 만날 때마다 내 이름을 묻고 똑같은 질문을 하더라도 환자에게 최선을 다하겠노라 다짐하는 계기가 되었다.

메이요 클리닉에서 처음 수련을 시작할 무렵만 해도 영어는 나에게 크나큰 장애물이었다. 환자의 말을 알아듣는 것도, 환자에게 내 견해를 전달하는 것도 모두 쉽지 않은 미션이었다. 인터뷰를 잘 못한다고 교수님에게 혼나기라도 한 날에는 '아, 한국어로 인터뷰를 할 수만 있다면 더 좋은 의사가 될 수 있을 텐데'라며 내심 아쉬워하기도 했다.

그러던 어느 날, 잠시 메이요 클리닉에 방문한 한국인 정신과 전문의 이유진 선생님과 대화를 나눌 기회가 생겼다. 내가 이런 고민을 고백하자 그녀는 이렇게 말해주었다.

"환자를 진심으로 위하는 마음만 있다면, 언어가 좀 덜 통해도 의사를 신뢰하게 돼요. 정신과 환자들이 얼마나 예민한데요. 다 알아요. 이 사람이 날 진짜 위하는지, 그런 척하는 건지."

큰 위안을 받은 동시에 한편으로는 반성도 많이 했다. 그때까지만 해도 회진을 돌거나 환자의 처치를 논할 때면 환자보다 오히려 같이 내 곁에 있는 교수님을 더 의식하던 나였다. 면담을 진행할 때도 '내가 이 말을 하면 교수님이 날 어떻게 평가할까?', '이렇게 인터뷰를 하면 교수님께 꾸지람을 듣는 건 아닐까?' 하는 '교수님의 평가'에 대한 생각들이 온통 내 머릿속을 채우곤 했다. 마주 앉아 나와 대화하고 있는 상대는 다름 아닌 환자인데도.

약물을 처치할 때도 마찬가지였다. '내가 이렇게 논문을 많이 찾아보고 노력한 걸 교수님이 알면 좋아하시겠지?'라고 생각했던 적이 많았다. 부끄러운 고백이지만 어찌 보면 그때 나는 환자의 치료를 최우선시하기보다는 어떻게 하면 덜 혼날 수 있을까, 어떻게 하면 교수님께 칭찬받을 수 있을까에 대해 더 많이 궁리했던 것 같다.

나는 그러한 성향이 내가 겪은 교육 환경과 무관하지 않다고 생각하는데, 돌이켜보면 나는 학교에서든, 군대에서든 늘 누군가에게 인정받아야 하고 잘못하면 혼나는 교육을 받았던 것 같다. 그것이 우리나라의 문제라며 한국의 교육 실태를 비판하고 싶지는 않다. 그 이유는 내가 경험한 한국 교육이 실제로 그렇지 않기 때문이 아니라, 단지 내가 다른 나라의 교육 방식을 잘 모르기 때문이다. 어쩌면 미국에서도 어떤 주, 어떤 학교에서는 그런 식으로 교육을 하고 있을지도 모를 일이다.

내가 확실히 말할 수 있는 한 가지는, 나는 그런 교육 방식이 참 싫었다는 사실이다. 고등학교에서도, 군대에서도, 의과대학에서도 남들 앞에서 망신을 주거나 인격 모독적인 발언을 하는 선생님들이나 교수님들에게 꾸중을 들을 때면 그것이 그렇게 싫을 수가 없었다. 그럼에도 역설적으로 그런 경험이 지금 나의 태도를 만든 것 같았다. 나에 대한 타인, 특히 상급자의 평가를 의식하는 것이 나도 모르는 사이 '체화되었다'는 표현이 더 정확할 것이다.

물론 그 할머니와의 만남이나 이유진 선생님과의 대화를 계기로 내가 180도 바뀌었다고 한다면 거짓말일 것이다. 오래된 습관이자 내 몸의 일부처럼 자리 잡은 그 성향을 하루아침에 지울 수 있다면 세상에 어떤 사람들이 정신 질환으로 고통받을까. 하지만 적어도 그 후로 나는 내 앞에 있는 환자를 진심으로 위하고자 끊임없이 노력하게 되었다. 회진 중에는 나를 지도하는 교수보다는 환자의 말과 감정에 더 귀 기울이려 애썼고, 환자가 이를 느낄 수 있도록 가능한 한 내 진심을 듬뿍 담아 마음을 전했다. 그러자 영어에 대한 생각도 자연스레 바뀌어갔다. '나는 영어가 완벽하지 않지만 환자를 진심으로 위하는 의사다'라고 스스로에게 계속 되뇌자, 내 영어 실력을 조금 덜 의식하게 되었다고나 할까.

내가 메이요 클리닉에서 수련을 받기로 결정한 큰 이유 중 하나는 메이요 클리닉의 정신 때문이었다. 메이요 클리닉의 설립자 중 한 명인 윌리엄 메이요William J. Mayo는 많은 명언을 남겼지만, 결국 메이요 클리닉을 관통하는 한마디는 바로 이것이다.

"환자의 이익만이 의료에서 유일하게 중요한 가치다(The best interest of the patient is the only interest to be considered)."

의사로서의 첫 걸음마를 메이요 클리닉에서 뗄 수 있었음에 나는 감사한다. 미국 또한 병원이란 공간, 의학이란 학문은 보다 보수적이고, 늘 긴장감이 존재하며 조금은 삭막하다. 하지만 메이요 클리닉에서 일하는 1년간 의학이란 학문이 이렇게 따뜻한 환경에서 이루어질 수도 있구나, 하고 새삼스레 감탄하곤 했다. 이곳에서 나는 이상이 현실이 될 수도 있다는 큰 깨달음을 얻었다.

무엇보다 가족을 위해 이직을 결심하고 마음을 열었을 때 받았던 수많은 격려는 잊지 못할 것이다. 그 이후로 인생의 갈림길에 설 때마다 메이요에서 맺은 인연늘은 내 안에서 조언을 건네곤 한다. 늘 가족이 먼저라고, 그리고 내 앞에 앉은 환자의 목소리에 더 귀를 기울이라고. 아마 그 교훈들이 지금의 나를 만든 게 아닐까. 그렇게 우리 딸의 고향이

기도 한 미네소타는 언제나 내 마음 깊은 곳에 소중한 장소
로 남아 있다.

○

타인의 신발을 신고
걸어볼 수 있다면

"내가 너였다면 나라도 그렇게 했을 거야."

이직 후에도 미국 생활을 하면서 친구들은 물론이고 동료, 직장 상사들에게도 이 말을 참 많이 들었다. 커리어의 고비를 맞을 때마다, 그리고 인생의 굵직한 갈림길에서 어떤 결정을 내릴 때마다 저 말들이 얼마나 큰 힘이 되어주었는지 모른다.

미국 생활의 걸음마를 뗀 시기나 다름없던 레지던트 시절에는 "내가 너였다면 나라도 그랬을 거야"라는 말이 마냥 감동으로만 다가왔다. 그때는 단순히 미국 사회와 한국 사회의 문화적 차이 혹은 공감 능력의 차이라고만 생각했다.

하지만 미국 생활에 대한 경험이 조금 더 쌓이고 미국 사회에 대해 품었던 막연한 환상이 어느 정도 깨지면서부터 조금씩 이러한 대화가 가능한 배경에 대해 숙고하게 되었다. 내가 아는 한국인들은 미국 사람들보다 오히려 훨씬 더 정 많고 따뜻한 사람들인데, 왜 한국에서는 이제껏 이런 경험을 하지 못했던 걸까? 스스로에게 계속 되물었다. 많은 관찰과 분석, 고민 끝에 내가 찾은 원인은 바로 '사회가 가동하는 용량의 차이'였다.

인구가 10만 명도 채 되지 않는, 미네소타주의 소도시 로체스터에 위치한 메이요 클리닉에서는 모든 것이 여유로웠다. 아마 병원의 인력으로 최대한으로 가동할 수 있는 만큼의 60~70% 정도로만 병원이 운영되었던 것 같다. 병원의 자원 또한 풍부해 역할 분담이 철저했다. 가령 나는 메이요 클리닉에서 1년간 인턴으로 일하면서도 환자의 피 한번 뽑을 일이 없었는데, 이는 채혈을 전문으로 하는 인력이 충분하기 때문이었다(오죽하면 왼팔, 오른팔 채혈 담당이 따로 있다는 소문도 있었는데 정확한 정보인지는 확인하지 못했다). 그러니 내가 며칠 일을 쉰다 해도 동료들에게 돌아갈 내 몫의 일이 크지도 않았다. 처음 아이가 태어났을 때, 인턴인 내가 2주의 출산 휴가를 사용하는 것도 전혀 눈치 보일 일이 없는 구조였다. 심지어 내가 이직으로 메이요 클리닉을 떠난 후, 지원자들이 충분히 있었음에도 그 자리를 채울 레지던트를 채용하지 않았다고 했다. 레지던트 한 명이 빠져도 티가 나지 않을 만큼 병원 인력이 넉넉했던 것이다.

이처럼 이상적이었던 근무 환경은 미국에서 가장 큰 도시인 뉴욕으로 온 후에 많이 달라졌다. 뉴욕대학교 정신과 레지던트 과정은 미국 정신과 중에서도 임상 수련이 혹독하기로 유명하다. 우리는 맨해튼 동쪽의 남북 방향으로 뻗어 있는 이스트리버East River 강변에 무려 열 개의 구획을 떡하니 차지하고 있는 벨뷰 병원Bellevue Hospital, 뉴욕대학교 병원NYU Langone Health, 맨해튼 보훈병원VA NY Harbor Healthcare System 총 세 곳의 3차 병원에서 번갈아가며 근무했다. 레지던트 인원은 메이요 클리닉에 비해 훨씬 많았지만, 담당하는 큰 병원 또한 세 곳이나 되다 보니 당직 일정이 메이요 클리닉보다 두 배는 많았고 당직 시간도 길었으며 업무 강도 또한 훨씬 고되었다. 뉴욕대학교의 레지던트 동기들은 인턴 기간 내내 매일같이 채혈을 했다고 했다. 메이요 클리닉에서는 당직을 서면서 밤새 입원 환자가 대여섯 명 정도 오는 경우 참 바쁜 날이라고 생각했는데, 뉴욕대학교에 오니 그 정도의 환자를 보는 날은 운이 좋은 축에 속했다. 이처럼 분주한 환경이었으므로 레지던트들끼리 나눠야 할 일도 그만큼 많았다. 뉴욕의 병원들은 아무리 후하게 봐줘도 한도 용량의 80~90%로 굴러가는 구조였다. 레지던트들은 출산 휴가를 쓸 때 수련부장 교수님뿐 아니라 주변 동료 레지던트의 눈치를 봐야 했고, 임신한 동기들은 출산 예정일 전에 몰아서 당직을 서곤 했다. 그리고 레지던트가 사정이 생겨서 일을 그만둘 경우 무슨 수를 써서라도 대체 인력을 구했다. 나도 그렇게 한 레지던트가 내과로 전공을 바꾸며 빈자리가 난 덕에 뉴욕대학교에서 일할 수 있었던 것이다.

그렇다면 우리나라는 어떨까. 나는 한국이 한도 용량의 120% 이상으로 달리는 사회라고 생각한다. 내가 가장 잘 아는, 의사들의 사례를 들어 이야기하자면 한국의 레지던트 업무 강도는 미국과 비교도 되지 않을 만큼 힘들기로 악명이 높다. 내가 미국에서의 수련을 고려하게 된 큰 원인 중 하나가, 학생 때 레지던트들을 바라보며 당시의 나로서는 그 정도의 업무 강도를 도저히 버틸 수 없다고 판단했기 때문이었다.

실제로 주변 의사들의 이야기를 들어보면, 한국에서는 레지던트 생활이 너무 힘든 나머지 업무에서 이탈하고 중도에 '도망가는' 경우가 꽤나 많다고 한다. 이처럼 한도 용량 초과 상태로 살아가는 상황에서 레지던트 한 명이 나가면 그 한 명의 일을 나누어 짊어져야 하고, 다른 동기들은 당연히 죽어날 만큼 일하게 된다. 그런 상황에서 동기가 도망갔다고 하면 그 친구보다는 내 앞날이 먼저 걱정될 수밖에 없다. 그 와중에 "내가 너였다면 나라도 도망갔을 거야"라고 따뜻한 말을 건넬 수 있는 사람이 있다면 그는 아마 성인군자라고 해도 무방할 것이다.

한 강연에서 "너만 힘드냐? 나도 힘들어 죽겠다"라는 말을 조금만 바꿔 "나만 힘든 줄 알았는데 너도 많이 힘들었구나"라고만 말할 수 있게 되어도 우리 사회의 많은 문제가 해결될 것 같다고 이야기한 적이 있다. 우리 사회의 많은 문제가 '공감하지 못하는' 데서 시작되므로. 이는 언뜻 개개인의 공감 능력을 높이면 해결될 간단한 문제로 보일지도 모르지만, 한도 용량이 꽉 차다 못해 초과된 사회에서는 쉽게 실천할 수 없는 해결책이다.

나는 '타인의 신발을 신고 걸어보라(Walk a mile in one's shoes)'라는 격언을 좋아한다. 언제나 타인의 경험과 관점, 삶을 함부로 재단하지 않고 정신과 의사로서 편견 없이 내담자들의 신발을 신고 걸어보려고 애쓰며, 그러한 태도야말로 우리 사회를 좀 더 따뜻하게 만들 수 있다고 믿는다. 하지만 전속력의 트레드밀처럼 빠른 속도로 쉬지 않고 돌아가는, 그래서 내 신발도 벗겨지기 일쑤인 사회에서 살아가며 남의 신발까지 신어볼 여력이 있는 사람이 과연 얼마나 있을까?

내가 미국에 오자마자 문화 충격을 받은 장면이 하나 있다. 갓 레지던트를 시작한 햇병아리 시절이었다. 나보다 1년 선배인 한 2년 차 레지던트가 오후 1시경 아이가 아프다는 연락을 받고는 "나 지금 가봐야 해"라고 4년 차 시니어 레지

118

던트에게 말하고 조기 퇴근을 하는 것이었다. 아이가 아플 때 일찍 퇴근하는 것은 미국에서 지극히 당연한 일이다. 그렇지만 이를 위해서는 중요한 전제가 하나 있다. 아이가 아파서 퇴근한 사람의 일을 나나 다른 동료가 대신 떠맡을 필요가 없어야 한다는 것이다.

한도 용량 120%로 달리는 우리나라에서는 이 전제부터 성립되지 않는다. 그러니 한도 용량 80%로 달리면서 언제나 20%의 가용 용량을 남겨두는 사회에 비해 타인에게 공감하기 어려운 건 어쩌면 당연한 일일지도 모른다. 결국 문제의 시작은 '모든 사람이 너무나 바쁘고 힘들 수밖에 없는 환경'에 있는 게 아닐까.

나는 내 신발을 신고 걸어준 수많은 사람의 선의로 지금의 자리까지 올 수 있었다. 그래서 '타인의 신발을 신고 걷는 사회'가 그저 말만 번드르르한 이상향이 아님을, 충분히 만들어갈 수 있음을 믿는다. 다만 이를 위해서는 내가 발붙이고 있는 사회에서 적어도 내 신발은 확실히 챙길 수 있다는 믿음이 필요하다. 우리가 서로에게 더 잘 공감하기 위해서는 결국 우리 사회의 속도가 줄어야 하지 않을까. 머나먼 미국 땅에서도 뉴스로, SNS로 전해지는 숨 가쁜 트레드밀 같은 한국의 모습을 보며 여전히 나는 미국으로 건너와 처음 받았던 충격을 씁쓸하게 떠올린다.

○

비를 맞는 사람과
우산을 나눠 쓰는 것

"정신과 의사로서 마음이 힘든 사람들의 말에 계속 공감해
주다 보면 너무 힘들지 않으세요?"

이런 질문을 자주 받는다. 어쩌면 〈유퀴즈〉에서 나온, 내
가 '환자 앞에서 펑펑 울었다'는 이야기를 듣고 그런 생각이
들었을지도 모르겠다. 사실 이 자리를 빌려 밝히자면, 나는
환자 앞에서 운 게 아니라 환자에 관한 내용을 지도 교수와
의논하던 자리에서 운 것이다. 방송 프로그램의 특성상 분
량이 정해져 있다 보니 그렇게 편집이 되었던 것 같다. 환자
앞에서 의사가 눈물을 보이는 것이 환자에게 일종의 치유

로 다가가는 경우도 물론 있지만, 나는 적어도 아직까지는 진료실에서 눈물을 펑펑 흘린 적이 없다.

아니면 정신과 의사가 '정서적 공감'을 주로 해주는 사람이라는 생각에서 비롯된 질문일지도 모른다. 흔히 공감이라 하면 정서적 공감, 즉 슬픔에 빠진 상대방과 함께 눈물을 흘려주고 가슴 아파 하는 모습을 생각하기 쉽다. '슬픔은 나누면 반이 된다'는 말이 있듯이, 진심을 담아 타인의 아픔에 정서적으로 공감해 주는 행위가 그 사람의 고통을 덜어줄 수 있는 건 사실이다.

하지만 공감에는 '인지적 공감'이라는 다른 종류의 공감도 있다. 나는 정신과 의사로서 필요한 만큼의 정서적 공감은 하되 이 '인지적 공감'을 더 많이 하고자 노력하는 편이다. 정서적 공감이 타인이 지금 느끼는 감정을 공유하는 과정이라면, 인지적 공감이란 '나'를 '타인'의 자리에 놓고 그 사람의 입장에서 생각하는 연습을 해보는 것이다. 비유해 말하자면 '타인의 신발을 신고 걸어보는' 행위다. 이 연습을 통해 우리는 타인의 생각과 그가 느끼는 감정을 이성적으로 이해할 수 있게 된다.

인지적 공감은 정신과 전문의만의 영역이 아니며 누구나 해볼 수 있는 일이다. 나를 타인의 자리에 놓는 것은 생각보다 어렵지 않다. 정도의 차이는 있을지언정, 인간은 누구나 인지적 공감 능력을 가지고 있기 때문이다. 우리가 소설을 읽거나 영화를 보면서 주인공의 시점에서 상황을 바라볼 수 있는 것도 인지적 공감 능력 덕택이다. 그래서 나는 마치 책을 읽듯, 하루에 한 번 혹은 일주일에 한 번이라도 목표를 정해놓고 타인의 입장에 서보는 '인지적 공감 연습'을 해보기를 추천하고 싶다. 빠르게 변하기 어려운 이 거대한 사회에서, 공감 연습이야말로 개인이 할 수 있는 작지만 강한 변화의 시도이므로.

초고속 트레드밀 사회가 한순간에 바뀌긴 어려울 것이다. 그렇다고 해서 '우리는 너도 나도 다 힘들게 살고 있으니, 사회가 바뀔 때까지는 어쩔 수 없이 이렇게 살아야 한다'고 생각하며 마냥 기다리기만 한다면 너무 힘들지 않을까. 개인 차원에서 공감을 하는 연습은 세상을, 우리를 조금씩 바꿔나가는 데 분명 도움이 될 수 있다. 흔히 공감 능력은 타고난 특질이라 생각하기 쉽지만, 공감 능력 또한 우리 몸의 근육처럼 연습과 훈련을 통해 충분히 발달시킬 수 있는 영역이다.

그리고 타인의 신발을 신어보고, 또 그의 감정을 그대로 느끼며 함께 울고 웃어봄으로써 궁극적으로는 '컴패션 compassion(단순한 공감을 넘어 타인의 고통을 덜어주는 단계)'을 향해 나아갈 수 있다. 상대방의 심정에 대해서 잘 이해할수록 그 사람을 도와주고 싶은 마음이 생기는 것은 자연스러운 이치다. 비를 맞는 사람 옆에서 비를 함께 맞아주는 것이 정서적 공감이라면, 컴패션이란 비를 맞는 사람과 함께 '우산을 나눠 쓰는' 행위에 가깝다.

메이요 클리닉에서 이직을 해야 하는 나의 상황을 말씀 드렸을 때, 수련부장 교수님도 지도 교수님도 내 이야기를 들으며 눈물을 흘리거나 정서적 공감을 강하게 보이지는 않았다. 다만 그들은 인지적으로 나의 신발을 신고 걸어주었고, 내가 왜 이직을 결심할 수밖에 없는지 이해하려 노력해 주었다. 더 나아가 어떻게 하면 나의 고통을 덜어줄 수 있을지 적극적으로 고민했으며 나의 이직 과정을 앞장서서

도와주기까지 했다. 그때 정작 눈물을 보인 것은 공감을 받는 당사자인 나였다. 이직 소식을 접한 또 다른 나의 동기 또한 나에게 이렇게 답해주었다.

"나는 만약 내 여자 친구가 다른 주에 직장을 구했다 해도 그녀를 따라갔을 거야. 그렇지 않으면 내 삶은 참 힘들어졌을 테니까 말이야. 그런데 너는 심지어 여자 친구가 아닌 아내가 있는 입장이고, 곧 태어날 아이까지 있잖아. 당연히 가야지. 나는 너의 결정을 전폭적으로 지지해."

결국 인지적 공감 연습을 통해 나는 나 자신의 감정을 과도하게 소모하지 않으면서 타인의 입장을 이해하게 되고, 동시에 아픔도 덜어줄 수 있게 되는 것이다. 그렇게 누군가의 신발에 조심스레 발을 끼워 넣어보았을 때, 우리는 비로소 이렇게 말할 수 있지 않을까.

"나만 힘든 줄 알았는데 너도 많이 힘들었구나."

○

배반하는 노력에
대하여

레지던트 생활 초기에는 정말 한국에 다시 돌아가야 하나
고민이 될 만큼 많이 힘들었다. 특히 맨해튼 강 건너편인 퀸
스에서부터 편도 한 시간 반에서 두 시간에 걸쳐 출퇴근을
하던 레지던트 2년 차 시절에는 당직을 설 때마다 수명이
줄어드는 느낌이었다. 하지만 차차 경력이 쌓이며 레지던
트 고참이 되고, 미국의 문화와 언어에 적응하게 되면서 조
금씩 여유가 생기기 시작했다. 그리고 그때부터 본격적으
로 내가 만나는 환자들, 그리고 새롭게 알게 된 사람들의 삶
을 통해 많은 걸 배울 수 있었다.

환자들을 한 명 한 명 만날 때마다 '더 겸손해져야겠다'는 생각을 자주 한다. 현대 정신의학의 발전에도 불구하고 인간의 심리와 정신 질환에 대해서 우리가 아는 지식이 여전히 빙산의 일각일 뿐이라는 현실을 맞닥뜨렸을 때도 물론 그렇지만, 무엇보다도 다양한 환자들의 삶의 여정에 대해 배우다 보면 더 자주 그런 생각을 하게 된다. 한 예로 '진정한 노력은 배반하지 않는다', '하면 된다'와 같은 이야기들이 의사가 되고 나서부터는 잘 와닿지 않게 되었다. 열심히, 착하게, 성실하게 살았음에도 '배반하는 노력들'이 많다는 것을 진료실에서 너무나 많이 접했으므로.

벨뷰 병원에서 만난 한 50대의 백인 남성은 미국 최고의 엘리트 코스를 밟은 후 내로라하는 회사의 임원이 되어 센트럴파크 바로 근처의 부촌에 고급 아파트를 소유할 정도로 경제적으로 성공한 사람이었다. 하지만 아내를 잃고 깊은 우울증의 수렁에 빠진 이후 알코올에 중독되었고, 어느 날부터는 우연히 친구가 권유한 마약으로 스스로를 달래기 시작했다. 그리고 중독이 악화되어 직장은 물론 모든 재산을 잃고 노숙자가 되었다. 그를 처음 만났을 때는 그의 말이 사실이라고는 도저히 믿기지 않았다. 하지만 오랜 기간 그를 치료해 왔던 정신과 교수님을 통해 그 사연이 전부 사실이라는 것을 듣고 놀라움을 금치 못했다.

한 20대 청년은 군대에서 성폭력을 당한 후 외상 후 스트레스장애PTSD, posttraumatic stress disorder와 우울증, 중독을 안고 살게 되었고, 모범생이었던 한 10대 청소년은 친구들로부터 왕따를 당한 일을 계기로 자살 생각과 약물 중독에 시달려 왔다고 했다. 한 아이는 본인들의 인생조차 가누기 힘든 환경 속에서 살아가는 부모에게서 태어나 아기 때부터 지속적으로 방임과 학대를 받은 탓에 어린 나이임에도 정신과 병동에 입·퇴원을 반복하고 있었다. 태어난 순간부터 평범한 삶을 살 기회조차 얻지 못한 것이다.

이처럼 정신과 의사로 일하며 자기 자신이 전혀 통제할 수 없는 환경의 문제로 어린 시절부터 정신 질환을 앓거나, 혹은 하루아침에 찾아온 외상 사건이나 정신 질환으로 인해 인생이 180도 달라진 사람들을 곧잘 볼 수 있었다. 그런 환자들을 마주할 때마다 우리가 말하는 '사회적인 성공'이란 것이 얼마나 신기루 같은지에 대해서 생각하게 된다.

우리는 흔히 인생에 좋은 일이 생기면 '행운'이 찾아왔다고 여긴다. 그래서 예상치 못한 좋은 일을 맞은 사람들을 보면 '로또 맞았다'고 표현하기도 하며 부러워한다. 나 또한 그랬다. 하지만 순식간에 닥친 불행 때문에 인생의 항로가 완전히 달라진 사람들을 보며, 나는 인생에 불운이 닥치지 않은 것만으로도 큰 행운이라는 생각을 하게 되었다. 그 환자들의 불행을 보며 내가 가진 것에 감사한다는 뜻이 아니다. 다만 세상의 크고 작은 불행은 언제든, 누구에게든 닥칠 수 있으며 단지 그 일이 내게는 아직 발생하지 않았다는 걸 인지하고자 노력할 뿐이다. 그래서 나도 언제든지 끔찍한 트라우마의 희생자가 될 수 있고 장애가 생길 정도로 큰 사고의 당사자가 될지도 모르며 사랑하는 사람을 돌연 잃을 수도 있다는 생각을 잊지 않으며 살고자 한다.

그리고 '진정한 노력은 배반하지 않는다'는 말이 더 이상 와닿지 않는 데는 또 다른 이유가 있다. 그 명제의 반대급부에는 '성공하지 못한 사람은 노력을 하지 않았다'는 편견이 깃들어 있기 때문이다. 사람의 인생이란 어찌 될지 모르는 것이다. 어느 날 아주 우연히 맞닥뜨린 행운이나 불운이 충분히 뒤바꿔놓을 수 있는 게 우리의 삶이다. 노력의 여부와 관계없이 말이다. 내가 이룬 사회적 성취들은 어찌 보면 굉장히 많은 행운이 연달아 찾아와 생긴 산물일 수도, 혹은 불행이 비껴간 산물일 수도 있다. 이것이 내가 환자들의 삶을 간접적으로 겪으며 배운 교훈이다.

심리학 용어 중에 '귀인attribution'이라는 용어가 있다. 심리학자인 프리츠 하이더Fritz Heider 박사가 처음 사용한 이 용어는 사람들이 자기 주변의 일 혹은 자기 자신에게 발생한 일의 원인을 찾으려는 경향성을 말한다. 어떤 사건이 생기면 자연스레 '왜 그럴까?'를 생각하게 되는 것이다. '저 친구가 왜 나한테 저런 이야기를 했을까?', '나는 왜 이렇게 게으를까?', '왜 나에게 이런 불행이 찾아온 걸까?' 그렇게 문제의 원인을 찾는 행위를 귀인이라고 한다. 심지어 아무 원인 없이, 우연하게 발생한 사건에서조차 사람들은 귀인을 하는 경향이 있다. 배가 떨어져도 까마귀를 탓하는 것이 인간임을 우리는 오비이락烏飛梨落이라는 사자성어를 통해 이미 잘 알고 있다.

귀인은 크게 외부 귀인과 내부 귀인 두 가지로 나뉜다. 문제 혹은 사건의 원인을 내가 아닌 바깥에서 찾으면 외부 귀인, 내 안에서 찾으면 내부 귀인이다. 여기서 사람들이 어떤 상황에서 외부 귀인을 하고 어떤 상황에서 내부 귀인하는지를 들여다보면 흥미로운 결과를 발견할 수 있다. 많은 연구 결과에 따르면, 사람들은 대개 자신에게 긍정적인 결과에 대해서는 내부 귀인을 하고 반대로 부정적인 결과에 대해서는 외부 귀인을 하는 경향을 보인다. 즉, 내가 잘된 것은 '내가 잘해서'라고 생각하고, 잘못된 것은 '내가 아닌 남 또는 주변 환경의 탓'이라 여기는 것이다.

반면에 PTSD나 우울증에 걸린 사람의 경우에는 자기 잘못이 아닌 일에 대해서도 내부 귀인을 하는 경향성을 찾아볼 수 있다. 그래서 안 좋은 일이나 끔찍한 일이 발생했을 때 트라우마의 피해자는 '내가 뭔가 잘못해서, 문제가 있어서 벌어진 일'이라며 그 원인을 스스로에게 돌리곤 한다. 우울증을 앓는 사람들 또한 그렇지 않은 사람들에 비해 어떤 불행한, 혹은 불운한 일을 자신의 탓으로 돌리는 경향이 강하다.

이를 보면 어릴 때부터 교육받은 '착한 사람은 복을 받고 나쁜 사람은 벌을 받는다'는 권선징악의 논리가 떠오른다. 나는 노력의 양과 성공이 비례한다는 믿음 역시 이 현실감 떨어지는 논리와 같은 선상에 놓여 있다고 생각한다. 그리고 나 역시도 한국에 있던 시절에는 저 명제로부터 자유롭지 못했다. 내가 갓 스무 살이 되었던 2000년대 초반, 일본 프로야구 리그에서 홈런왕을 차지하며 맹활약하고 있던 이승엽 선수의 모자에는 '진정한 노력은 배반하지 않는다'는 문구가 적혀 있어 화제가 되었다. '하면 된다', '안 되면 될 때까지 되게 하라'와 같은 말들이 마치 사회의 모토처럼 퍼져 있던 시절이었다. 그런 분위기에서 내 노력이 결실을 맺지 못하는 이유를 찾을 곳은 '나 자신'밖에 없었다. 내가 남들에 비해 뒤처지는 건 노력이 부족한 탓이었고, 원하는 바를 이루지 못한 건 실력이 아직 모자라기 때문이었다. 그것이 벌써 약 20년 전인데, 지금도 이런 분위기가 크게 바뀐 것 같지는 않아 보인다.

그래서일까, 나는 요즘도 한국의 젊은이들에게서 자신의 노력이 결실로 이루어지지 않은 결과를 내부 귀인으로 돌리는, 즉 자책하는 경우를 많이 본다. 번아웃이나 우울증에 시달리면서도 자신의 의지가 부족하다고 자책하고, 더 치열하게 파고들지 못하는 본인이 한심하다는 말을 하곤 한다. 많은 이가 취직이 되지 않은 이유를 '나의 노력이 부족해서', '내 스펙이 변변치 않아서'라고 말하며 스스로를 더 채찍질한다. 대기업 입사를 위한 경쟁률이 수백 대 일이 넘는 피 말리는 상황에도 말이다.

그런가 하면 육아 전쟁에 시달리는 젊은 엄마, 아빠들은 밥 먹듯이 야근을 하면서도 자식에게 제대로 된 부모 노릇을 하지 못한다며 스스로를 탓하는 걸 많이 봐왔다. 그럴 때마다 나는 근본적인 의문이 들곤 했다. 왜 부모 노릇을 제대로 못하는 것이 그들의 탓일까? 가족이 행복하게 살 수 있는 터전을 마련해 주어야 할 사회가 부모 노릇을 하도록 놓아주지를 않는 것을.

미국에 사는 동안 다양한 직종에서 일하는 사람을 수없이 만났지만, 한국 사람들처럼 열심히 사는 사람은 정말 드물었다. 아니, 거의 보지 못했다는 말이 맞을 것이다. 가끔 한국 사람들로부터 '미국에서 의사로 생활하는 게 힘들지 않느냐'는 질문을 받곤 하는데, 그럴 때마다 나의 답변은 한결같다. '한국에서 하던 것처럼 하면 미국 어디서든 인정받을 수밖에 없습니다'라고. 아마 의료계뿐 아니라 모든 직종이 그럴 것이다. 어느 누구와 견주어도 모자라지 않을 만큼 우리 한국 사람들은 성실하고 부지런하게 살고 있다. 그래서 나는 어떤 불행의 원인을 자신의 노력이 부족한 탓이라거나, 내가 못나서 그런 거라고 내부 귀인을 하는 사람들에게 힘주어 말씀드리곤 한다.

"당신 잘못이 아니에요."

한국 사람들, 특히 한국 젊은이들은 세상 그 누구보다도 열심히 사는 사람들이다. 그들이 내 앞에 앉아 있다면, 이 초고속 트레드밀 같은 사회에서 버티는 것만으로도 당신은 충분히 대견하다고 위로해 주고 싶다. 그리고 말하고 싶다. 혹여나 열심히 노력했음에도 지금 생각대로 일이 잘 풀리지 않는다면 그것은 노력 부족 탓이 아니라고, 그러니 스스로를 탓하지 말라고. 이미 죽을힘을 다해 버티고 있는 자신을 더 이상 괴롭히거나 탓하지 말아달라고.

○

Pay it
forward

"그렇게 인생의 성공도 실패도 운이라면, 너무 허무하지 않나요?"

사회에서 말하는 성공이란 것이 오롯이 노력이 낳은 결과물만은 아님을, 운과 우연의 복합체일 수도 있음을 이야기하 나에게 한 학생은 이렇게 반문했다. 하나 말해두고 싶은 것은, 인생에 운도 크게 작용한다는 내 주장이 노력에 대한 회의론으로 받아들여지지는 않길 바란다는 점이다. 노력은 존중받을 가치가 있고, 그 자체만으로도 의미가 있다. 다만 그렇게 열심히 노력해서 성공을 이루었을 때, 거기에는 자신의 노력 외에도 많은 이의 도움과 행운이 있었음을 인지하기를 바랄 뿐이다. 나아가 그것을 어떻게 하면 다시 사회로 돌려줄 수 있을지에 대한 생산적인 담론으로 이어진다면 좋겠다는 소박한 소망도 있다.

〈아름다운 세상을 위하여Pay it forward〉라는 제목의 영화에서 주인공은 아름다운 세상을 만들기 위해 친구들에게 '먼저 주기pay it forward' 캠페인을 제안한다. 보통 영어로 'pay back'이라 하면 무언가를 받은 후 되갚는다는 의미인데, 이와 반대로 'pay forward'란 타인에게 무언가를 받기 전에 '먼저 주는 것'을 말한다. 주인공은 자신과 아무 상관없는 타인 세 명에게 선행을 먼저 베풀면, 그 선행을 받은 사람들은 또 다른 세 명에게 선행을 베푸는 선순환이 기하급수적으로 이루어져 좀 더 살 만한 세상이 만들어질 거라 믿는다. 'Pay it forward'의 산물로 미국 생활을 하게 된 것이라 해도 과언이 아닌 나로서는 이 영화가 주는 메시지가 오래도록 가슴에 남았다.

10여 년 전, 내가 처음 미국에 발을 디딜 수 있었던 것은 예일대학교에 계시던 한 한국계 미국인 교수님이 나를 연구 보조원으로 받아주셨기 때문이다. 학회 발표를 위해 서울을 방문하신 교수님께 나는 다짜고짜 한국어로 이메일을 보내 약속을 잡았고, 처음 뵙는 자리에서 "미국에서 교수님의 연구를 도와드리고 싶습니다"라고 말씀드렸다. 사실 말이 도와드린다는 것이지, '가르쳐달라'는 말이 더 정확했다. 나는 연구 경험이 일천했던, 갓 의사 자격증을 받은 초보 의사였기 때문이다. 교수님은 그런 나를 흔쾌히 받아주셨을 뿐 아니라 물심양면으로 이끌어주셨다. 교수님의 체계적인 지도하에 나는 1년도 채 안 되는 짧은 시간 동안 국제학술지에 논문을 두 편이나 게재할 수 있었고, 이는 미국의 정신과 레지던트에 선발되는 데 큰 도움이 되었다. 교수님과 마지막으로 근무하던 날, 교수님께서 나에게 건네주신 따뜻한 말씀은 아직도 기억에 남아 있다.

"나 선생은 분명히 훌륭한 정신과 의사가 될 거야. 이건 내가 확신할 수 있어. 어딜 가든 환자들에게 좋은 의사가 될 거야."

힘들었던 미국에서의 레지던트 1년 차 생활을 견뎌낼 수 있었던 건 모두 그때 교수님의 말씀이 원동력이 되어준 덕분이라고, 나는 자주 회상한다. 어엿한 레지던트임에도 미국의 의대생들보다도 못한 스스로를 보며 자존감이 한없이 깎여나갈 때면 교수님이 내게 해주신 확신에 찬 말씀들을 몰래 꺼내보곤 했다. 그리고 그럴 때마다 나는 의지를 되찾고 한 발 한 발 천천히 앞으로 나아갈 수 있었다.

이와 마찬가지로 예일대에 계시던 한 선배님은 나를 참으로 많이도 챙겨주시고 도와주셨다. 레지던트 지원을 위한 미국에서의 실습을 비롯해 추천서까지, '내가 이렇게 도움을 받아도 되나' 싶을 정도였다. 항상 내가 진심을 담아 감사하다고 말씀드리면 선배님은 이렇게 답하곤 했다.

"나도 너처럼 처음 미국에 왔을 때 내 멘토 선생님이 나를 많이 도와주셨어. 그때 그 선생님이 나한테 그러셨거든. '나중에 네가 받은 도움을 다른 사람들한테 돌려주면 된다'라고. 그러니까 너도 나한테 갚을 생각은 하지 말고, 나중에 다른 사람들 많이 도와줘."

그 말씀을 들으며 나는 영화 〈아름다운 세상을 위하여〉를 떠올렸다. 그리고 이와 같은 선의의 베풂과 멘토링이 나에게 행운처럼 와준 것에 너무도 감사했다.

레지던트 3년 차 때 워싱턴DC 근처에 위치한 미국국립 정신보건원National Institute of Mental Health을 방문할 일이 있었다. 그곳 소속의 한 한국계 미국인 교수님을 만났는데, 대화 중 우연히 바로 그 교수님이 앞서 말한 나의 선배님을 도와주신 멘토였다는 사실을 알게 되었다. 반가운 마음에 선배님의 이야기를 들려드렸더니, 교수님께서는 웃으며 "맞아, 내가 그렇게 말했어. 나 선생도 그렇게 다른 사람들 많이 도와주도록 해요"라고 말씀하셨다. 나는 꼭 그러겠노라고 대답했다. 나의 첫 책 『뉴욕 정신과 의사의 사람 도서관』 또한 서울대학교 은사님들께서 기꺼이 써주신 추천사가 큰 힘이 되었다. 이처럼 타인들의 대가 없는 선의로 과분할 정도의 행운을 얻었기에 나는 언제나 'Pay it forward'의 정신을 잊지 않으려 노력한다.

미국에 온 10년에 가까운 시간 동안 참으로 과분한 멘토들을 많이 만났다. 한국인이라는 이유만으로 도와주신 수많은 동문 선배, 의사 선배, 한국의 은사 한 분 한 분의 도움이 아니었다면 과연 지금의 내가 있을 수 있었을까. 그들의 어깨에서 나는 더 넓은 세상을 볼 수 있었고 학문적으로 더 성장할 수 있었다. 그래서 나는 과거에 받은 선의를 생각하며 학생들로부터 온 이메일에는 최대한 성심성의껏 답장을 하려고 노력한다. 나와 연이 닿은 학생들에게 도움을 줄 수 있는 방법에 대해 끊임없이 고민하기도 한다. 내게 멘토링을 받는 학생들이 고맙다고 말하면 은사님이 해주신 말씀을 떠올리며 이렇게 대답한다.

"나에게 되갚을 생각은 하지 말고, 다른 후배들에게 도움을 주면 돼요."

그런 나의 행동이나 조언이 '우리 사회를 보다 아름답게 만들고 싶다' 같이 거창하고 멋진 목표를 위해서라면 좋겠지만, 솔직히 말하자면 '나 자신을 위해서'라는 이유가 더 크다. 정확히 말하면 나의 정신 건강을 위해서다.

정신 건강을 위해 가장 중요한 두 가지를 고르라면 나는 '운동'과 '사회적 연결(사회적 지지)'을 꼽는다. 가족, 연인, 친구와 같이 주변의 사랑하는 사람들로부터 받는 사회적 지지가 우리의 정신 건강에 긍정적 영향을 준다는 건 누구나 짐작할 수 있는 사실이다. 그리고 여기에 더해 '타인에게 도움을 베푸는 행위 혹은 사회적 지지를 주는 행위' 또한 정신 건강에 긍정적 영향을 끼친다는 점은 이미 많은 연구에서 보고되고 있다. 이제는 어느새 내가 베풀 차례가 된 'Pay it forward'라는 선순환의 릴레이는 도움을 받는 상대방뿐 아니라 나의 정신 건강에도 도움이 된다는 것이다. 그리고 과거의 나에게 선의를 베풀어준 선배님들에 대한 보답의 차원이기도 하다.

조금 이상적인 이야기로 들릴지도 모르겠지만, 나는 이 'Pay it forward'를 많은 사람이 일상적으로 실천할 수 있다면 어떨까 생각한다. '베푼다'고 해서 정기적인 봉사활동이나 기부처럼 대단한 게 아니어도 좋다. 한 개인에 대한 아주 사소한 사회적 지지도 우리의 정신 건강에는 긍정적인 영향을 준다. 꼭 실질적인 도움이 되는 게 아니라도 말이다.

에를 들어 미국 대통령이 임명하는 '국가의 의사'인 의무총감Surgeon General 비벡 머시Vivek H. Murthy 박사는 강연에서 '나만의 감사 챌린지'를 자주 추천한다. 가령 내 인생에서 크고 작은 도움을 받은 은인들—가족이나 친구, 선생님 혹은 직장 동료라도—에게 일주일간 매일, 하루 5분 정도씩을 투자해 그 사람들 중 한 명에게 이메일이나 문자를 보내는 것이다.

"2년 전 우리 수업시간 전에 네가 나를 불러내서 해줬던 말 기억나? 그때 네가 나에게 해준 한마디가 나에겐 정말 큰 힘이 되었어. 고마워."

이 한마디는 상대방에게도 당연히 힘이 되겠지만, 나의 정신 건강 또한 향상시킬 수 있다. 어쩌면 그때 나에게 도움을 주었던 그 사람이 지금 마음이 힘든 시기를 보내고 있다면, 아주 작은 감사 표현이 그 사람을 일으켜주는 원동력이 될지도 모른다. 그렇게 시작된 선의의 릴레이가 결국에는 우리 세상을 더 아름답게 만드는 계기가 될지도 모른다고, 〈아름다운 세상을 위하여〉의 주인공 트레버 같은 꿈을 나도 종종 꾸곤 한다.

"취약해지지 않고는 앞으로 나아갈 수 없어요.

누구나 앞으로 나아가려면 도움이 필요하기 때문이죠.

실패, 나약함, 연약한 심신, 말하자면 이런 것들은

우리와 나머지 세상을 연결하는 장치예요.

세상에 신호를 보내는 거죠.

'나는 당신이 필요해요.

이걸 나 혼자서는 할 수 없기 때문에'라고요."

- 넷플릭스 다큐멘터리 영화 〈스터츠Stutz〉 중에서

3장

우리는 어떻게
관대해질 수 있을까

●

사람들에겐 흔히 세 개의 자신이 존재한다고 한다. 남이 보는 자신, 내가 타인에게 보이길 원하는 자신 그리고 내가 아는 실제의 자신. 이 세 가지 종류의 자신이 일치하는 것이 건강한 자아를 위해 이상적인 상태라고 말할 수 있겠지만, 실상 그러기는 쉽지 않다.

나의 첫 번째 책『뉴욕 정신과 의사의 사람 도서관』은 이러한 내적 갈등을 잘 보여주었다. 책의 주인공은 나였으나, 어찌 보면 진짜 나라기보다는 타인에게 보이길 원하는 나, 혹은 내가 꿈꾸는 나의 모습에 가까웠다. 의도적으로 스스로를 미화하지는 않았지만, 글을 쓰다 보면 늘 어느 정도는 포장이 들어가기 마련이다.

세 가지 '나'의 괴리는 책을 낸 후 자연스럽게 더 심해졌다. 나를 직접 만나본 적이 없는 독자들은 당연히 책의 주인공이 실제의 나종호라고 여길 것이다. 그렇게 어느새 나는 언제나 환자를 존중과 경애의 눈으로 바라보는 숭고한 의사가 되어 있었다. 나를 가리켜 '정신과의 낭만닥터 김사부'라 칭하는 댓글도 있었고, 몇몇 학생들은 책을 읽으며 정신과 의사의 꿈을 꾸게 되었다며 메일을 보내오기도 했다. 이러한 이야기를 전해 들을 때마다 '실제의 나'와 '타인이 보는 나' 사이의 괴리가 점점 커지고 있다는 걸 느낄 수 있었다.

이 괴리는 〈유퀴즈〉라는 방송을 통해 더더욱 증폭되었다. 촬영이 시작되었고, 유재석 씨와 조세호 씨가 내 출신 학교들과 병원에 대해 언급하며 나를 소개했다. 나는 그때 사실 이런 대답을 준비했었다.

"저는 여전히 부족한 게 많습니다. 살면서 실패한 적도 많았고요. 무엇보다도 많은 사람이 도와준 덕분에 여기까지 올 수 있었던, 운이 정말 좋았던 사람일 뿐입니다."

하지만 수많은 카메라 앞에서 얼어붙은 내 입은 어느새 내 의지와는 다른 이야기를 하고 있었다. 이후 방송을 통해 접한 내 모습은 자살을 막기 위해 정신과 의사가 된, 사명감 넘치는 의사 그 자체였다. 그것도 전국구로 방영되는 최고 인기의 예능 방송에서. 방송이 나간 후에 수많은 이메일을 받았다. 대부분이 '실제의 나종호'와는 먼, 내가 '타인에게 보이고 싶었던 나종호'를 본 감상평을 전해왔다.

환자들을 아끼고, 그들의 자살을 막아주고 싶은 마음은 아마 모든 정신과 의사에게 공통될 것이다. 나는 단지 여러 행운과 은인들의 도움으로 각 단계들을 순탄히 넘어왔고 그 덕분에 객관적으로 보기에 좋은 '스펙'을 쌓은 일개 의사 한 사람일 뿐이다. 방송에서 편집을 잘해주었을 뿐 말을 잘하는 편도 아니고 학문적 깊이 또한 갈 길이 멀다. 하지만 책과 SNS, 대중 매체를 통해 얻게 된 자그마한 유명세는 나도 모르는 사이 스스로의 나르시시즘을 부추기곤 했고, 어떤 때는 그런 타인들의 칭찬에 우쭐해지는 자신을 발견하기도 했다. 그때 마침 우연히 본 한 토론 프로그램에서 부활의 김태원 씨가 후배 뮤지션들을 위해 건네는 조언을 듣게 되었다. 그는 데뷔한 지 수십 년이 지난 지금도 거울을 볼 때면 자기 자신을 들여다보며, 자신이 거품이 아닌지 되묻는다고 했다. 그 후로 '남들이 보는 나종호'와 '실제 나종호'의 간극이 느껴질 때마다 나도 스스로에게 같은 질문을 던지곤 한다.

'내가 거품은 아닌가?'

〈유퀴즈〉 방영 후 6개월여가 지나 나는 한국을 방문했고, 내 생애 처음으로 북토크가 아닌 '토크 콘서트'라는 행사에 참여하게 되었다. 학부 은사님이신 『프레임』, 『굿 라이프』의 저자 최인철 교수님과 『지선아 사랑해』, 『꽤 괜찮은 해피엔딩』의 저자 이지선 교수님과 함께하는 합동 토크 콘서트였다. 두 분은 이미 수십만 부가 팔린 베스트셀러를 출간해 한국에서 널리 알려진 인기 저자였고, 그에 비하면 나 자신의 중량감이 한참 달린다는 생각에 처음에는 그런 두 분과 한 자리에 선다는 것이 무척이나 부담스러웠다. 내가 미국에 건너올 즈음인 10여 년 전에는 그런 포맷의 행사가 거의 없었기에 '토크 콘서트'라는 개념 자체도 생소했고, 누군가가 나의 말을 듣기 위해 돈과 시간을 할애한다는 게 잘

실감이 나지도 않았다. 토크 콘서트 참가비는 만 원이었지만 행사를 주최한 최인철 교수님과 서울대학교 행복연구소에서 만 원이 넘는 가격의 도시락과 선물을 준비해 주신 덕에 관객들의 경제적인 비용에 대한 부담감은 다행히 줄었다. 그럼에도 관객들이 내게 적지 않은 시간을 투자해 준다는 부분에 대한 부담감은 여전했다. 관객들의 소중한 한두 시간이 아깝지 않을 정도의 메시지를 내가 전달할 수 있을까, 두 교수님을 보러 온 관객들에게 실망감을 안기지는 않을까, 혹시나 두 교수님께 누가 되는 건 아닐까 자기 의심이 계속 들었다.

그런 의구심은 '무대 위에서 어떤 모습을 보여주어야 하는가'에 대한 고민으로 이어졌다. 직관적으로는 두 교수님의 중량감에 맞게끔 나 자신을 한껏 더 부풀려서 보여주어야 한다는 마음이 앞섰다. 동시에 방송과 책으로 나를 접한 관객들의 기대에 부응하기 위해서는 조금은 과장된 모습을 보여주는 게 더 낫겠다는 생각도 보태졌다.

하지만 그러다 보면 실제의 나와 타인이 보는 나 사이의 간극은 더더욱 커지지 않을까. 과연 나 스스로가 그 괴리감을 견딜 수 있을까? 그렇게 자문하던 내 모습은 정신을 차려보니 마치 딸에게 읽어주던 이솝 우화의 '황소를 부러워한 개구리' 같았다. 다른 개구리들에게 황소처럼 큰 모습을 과장해서 보여주려다 결국에는 배가 빵 터져버리는 개구리 이야기 말이다.

긴 고민 끝에, 〈세바시〉 강연에서 '약한 모습을 보일 수 있는 용기'에 대해 이야기했으니 나 역시도 내 약한 모습을 가감 없이 보여주자고 마음먹었다. 그래서 무대 위로 박수를 받으며 걸어나가면서 생각했다.

'내가 말한 걸 지키기 위해서라도 과장되지 않은, 있는 그대로의 내 모습을 보여주자.'

이윽고 최인철 교수님의 진행하에 콘서트가 진행되었다. 나는 횡설수설할 때도 많았고, 동문서답도 자주 했다. 어떤 질문은 답변이 잘 정리되지 않아 얼버무리기도 했다. 그럼에도 불구하고, 놀랍게도 시간이 어떻게 가는지도 모를 만큼 즐거웠다. 미국으로 돌아가는 비행기에서 토크 콘서트 때 있었던 일이 문득 떠올라 미소를 지을 정도로. 딱히 의미 있는 메시지를 전한 것도, 평소와 달리 말을 특출 나게 잘한 것도 아니었는데 마냥 좋은 느낌이었다.

곰곰이 생각해 보니 대중 앞에서 '그냥 실제의 나 자신'일 수 있었기에 그런 느낌을 받은 것 같다는 결론에 이르렀다. 내가 아는 나를 대중 앞에 드러내는 일이 예상보다 어렵지 않다는 것, 그리고 그것이 나를 오히려 자유롭게 한다는 것을 깨달았다.

그래서 이 책에서도 솔직하게 나를 드러내기를 선택했다. 가능한 한 가감 없이, 미화 없이. 그러나 내가 힘들었던 이야기를 나눈 이유는 '저도 힘들었지만 잘 이겨냈잖아요, 여러분도 분명 잘될 거예요' 같은 책임질 수 없는 격려나 허울뿐인 위로를 전하기 위함이 아니다. 나는 많이 힘들었고, 제때 도움을 받지 못해 더더욱 괴로운 시간을 보내야 했다. 그러니 이 책을 읽는 독자들은 그러지 않으면 좋겠다는 말을 전하고 싶다. 애써 강해 보이지 않아도, 있는 그대로의 모습을 보여주어도 된다. 그리고 무엇보다도, 그때의 나처럼 힘들어하는 젊은이가 혼자 고통스럽지 않도록 서로를 보듬어주려면 우리 사회가 어떻게 해야 하는지에 대한 이야기를 하고 싶다. 망설임 없이 약함을 드러내며 함께 힘든 마음을 편히 나눌 수 있도록, 그 힘겨움을 숨긴 채 혼자 외로이 달래지 않아도 괜찮은 세상이 될 수 있도록.

○

진료실 반대편의
의자에 앉는 일

메이요 클리닉에서 정신과 레지던트 1년 차 생활을 처음 시작했을 때는 하루하루가 전쟁 같았다. 처음 접하는 미국 병원의 환경에서 나는 미국의 의대생들보다도 훨씬 부족한 존재였다. 메이요 클리닉이 위치한 미네소타주는 백인의 비율이 매우 높은 편이다. 그만큼 10~20명이 모이는 의료진 미팅에서 나는 유일한 소수 인종인 경우가 많았다. 그러니 팀 미팅을 하면 나보다 영어를 못하는 사람은 당연히 단한 명도 없었고, 나만큼 미국 문화에 익숙하지 않은 사람 또한 없었다. 발표 중에 말을 버벅거리거나 생각하는 영어 단어가 떠오르지 않아서 난감했던 적도 많았고, 회진 중에 환자 면담을 하는데 환자의 말을 잘못 이해해서 교수님께 호된 꾸중을 듣기도 했다. 첫 병동 근무 당시, 환자 회진을 마친 후 교수님이 나를 보며 대뜸 한마디를 던졌다.

"What do you make of that interview?"

이는 '너, 방금 한 인터뷰 정말 개판이었어'라는 뜻이다. 그런데 웃기고도 슬픈 건, 나는 이 말이 나를 혼내는 것인지조차 몰랐다는 점이다. 나는 교수님의 말을 "방금 인터뷰 때 뭘 물어보려고 한 거야?"라고 알아듣고는 내가 인터뷰 때 환자들에게 한 질문들이 어떤 의도였는지 자초지종을 늘어놓았다. 자기를 혼내는 말조차도 제대로 해석하지 못하는 레지던트를 보면서 교수님도 헛웃음만 지으며 넘어가셨다. 그렇게 헤매던 와중에 아이까지 태어나니, 온전히 나 자신을 보살피고 돌아볼 시간을 내는 것은 엄두도 내지 못했다.

그로부터 1년여가 지나 메이요 클리닉의 생활에 겨우 익숙해질 무렵, 다시 뉴욕으로 자리를 옮기고 나니 이번에는

1년 차 때보다 훨씬 바쁜 일정들이 나를 기다리고 있었다. 수련의 생활을 했던 세 병원 중 벨뷰 병원은 미국에서 가장 오래된 공공 병원이다. 그리고 1000여 개에 달하는 병상 중 정신과 병동이 300개 이상을 차지하는, 뉴욕에서 정신과의 상징이나 다름없을 만큼 유서 깊은 병원이기도 하다. 한때 뉴욕에서 '벨뷰'라는 단어가 정신 질환을 뜻하는 은어로도 쓰였다고 할 정도로 벨뷰 병원에는 정신과 환자가 많았다.

벨뷰 병원의 모토는 '어떤 환자도 돌려보내지 않는다'이다. 사보험으로 악명 높은 대부분의 병원들과 달리 시 재정으로 운영되는 이곳은 다른 병원에서는 절대로 받아주지 않을 환자까지도 모두 받아주는, 뉴욕에서 가장 아픈 환자들에게 최후의 보루와도 같은 병원이다. 그러니 업무량 자체도 훨씬 많을뿐더러 환자들의 중증도 또한 매우 심해 업무의 부담은 더더욱 가중되었다. 미네소타에서는 볼 수 없었던 급성기의 환자들이 수도 없이 많았고 정신과 응급실은 늘 정신없이 붐볐다. 하지만 병원 시설은 메이요 클리닉과 비교도 되지 않을 정도로 열악했다. 이와 같은 여러 요인 때문에 뉴욕대학교에서 레지던트 2년 차를 보내던 당시,

체감상으로는 메이요 클리닉에서 느꼈던 것보다 두세 배는 더 심하게 업무 스트레스를 받았던 것 같다.

뉴욕에 와서 또 하나 새로웠던 것은, 많은 레지던트 동기들이 심리 상담 혹은 정신 분석을 받고 있다는 사실이었다. 이를 알면서도 나는 바쁘다는 핑계로 2년 차 레지던트 중 유일하게 심리 상담을 시작하지 않고 있었다. 그리고 뉴욕대학교로 자리를 옮긴 지 반년쯤 되었을 무렵, 한 레지던트 동기가 강의 시작 전에 나를 벨뷰 병원 뒤편의 공원으로 넌지시 불러냈다. 그때 내 얼굴이 썩 좋아 보이지 않았던 것인지 동기는 '요즘 어떻게 지내냐'고 물었고, 나는 솔직하게 '요새 정신적으로도, 육체적으로도 너무 지친다'고 답했다. 그렇게 이런저런 이야기를 나누던 중 동기가 단도진입적으로 내게 물었다.

"넌 혹시 심리 상담을 받고 있니?"

"아니, 나는 시간 여유가 없어서 못 받고 있어."

"그렇지만 너는 정신과 의사잖아. 네가 마음 건강을 안 챙기면 누가 챙기겠어?"

알고 있는 사실이었지만 그렇게 동기에게 확인 사살을

받으니 부끄러움이 훅 밀려왔다. 어쩌면 나는 그때까지도 정신 건강 서비스에 대한 낙인을 마음속에 가지고 있었는지도 모르겠다. 하기야 한국에서 의과대학을 다니던 시절에 그렇게 우울과 불안으로 힘들어했음에도 차마 정신과의 문턱을 넘지 못했던 나였다. 그걸 머나먼 타국에서 넘는 데는 훨씬 더 큰 용기가 필요했다. 하지만 그때의 나는 어렴풋이 느끼고 있었다. 더 이상은 내 마음을 돌보는 일을 미룰 수 없다고.

미국의 병원들 중 대다수가 의대생 및 수련의들에게는 정신과 진료나 심리 상담 서비스를 저렴하게 제공한다. 한국 레지던트들보다야 덜 바쁘다고 해도, 미국 레지던트들의 근무 시간 역시 일주일 평균 60~80시간으로 보통의 근로자들보다 훨씬 길다. 더군다나 당직 또한 잦기 때문에 정신적, 신체적 스트레스가 큰 편이다. 미국 의사들은 자살률이 미국인 전체 평균의 두 배에 이를 정도로 자살 위험성이 높은 집단이기도 하다. 그래서 병원들은 소속 의사들, 특히 수련의들의 정신 건강에 세심하게 신경을 쓰고 지원도 많이 하는 것이다. 의대생들도 이와 마찬가지로 심리 상담이

나 정신과 진료를 많이 받는다.

나는 병원에서 제공하는 서비스 덕에 용기를 내어 문을 두드릴 수 있었고, 그렇게 시작한 정신과 의사 K와의 상담은 내가 레지던트를 마칠 때까지 2년 반이라는 기간 동안 이어졌다.

어렵게 만난 닥터 K는 나와는 너무 다른 사람이었다. 머리가 완전히 백발로 세어버린 노년의 백인 남성. 그와 나의 공통점이라고는 아마 남자 정신과 의사라는 점 하나뿐이었을 것이다. 돌이켜보면 그와 내가 아주 좋은 궁합이었는지는 잘 모르겠으나, 2년 이상을 함께한 걸 보면 그렇게 안 맞는 듯 또 맞는 사이였던 것 같기도 하다. 마음이 힘든 일이 생길 때면 얼른 닥터 K와 대화를 나누고 싶어 그와 만나는 시간이 기다려지곤 했다. 누군가가 내 말을 온전히 들어준다는 것, 그리고 내가 하는 말로 나를 판단하지 않는다는 믿음만으로도 내 마음의 많은 어려움이 사라지는 것 같았다. 닥터 K와 함께한 시간 동안 많은 기법을 배웠지만, 그중에서도 나에게 가장 큰 도움이 되었던 것은 20대 중후반 내내 나를 괴롭혀온 불안을 다스리는 법 혹은 내려놓는 법, 그리고 내가 통제할 수 없는 결과에 대해서는 마음을 비우는 법이었다. 미래에 대해서 걱정을 털어놓으면 그는 늘 나에게 되묻곤 했다.

"그 문제가 당신의 힘으로 통제 가능한 일인가요?"

"음……. 아닌 것 같아요."

"그렇다면 자신을 위해 할 수 있는 가장 좋은 방법은 뭘까요? 내가 통제할 수 없는 부분에 대해서는 잠시 스위치를 꺼놓고, 바꿀 수 있는 것들에 집중하는 게 아닐까요?"

우리는 이와 같은 대화를 수십 번은 반복했다. 그래서 지금도 미래에 대한 불안이 엄습할 때면 닥터 K의 목소리가 귓가에 들리는 것처럼 느껴진다.

"지금 이 문제를 당신의 힘으로 통제할 수 있나요? 그게 아니라면 잠시 잊어버려요."

과거에 사로잡힌 마음은 우울해지기 쉽고, 미래에만 초점을 맞춘 마음은 불안해진다. 그래서 정신 건강을 관리하기 위해 가장 중요한 것 중 하나가 바로 '지금, 여기here and now'에 머물 수 있는 힘을 키우는 일이다. 2년 반에 걸쳐 나는 정신과 의사 닥터 K와 함께 현실에 머무는 많은 훈련을 했고, 이 과정을 통해 내 마음의 근육도 더 단단해졌다.

심리 상담에 대한 사람들의 가장 흔한 오해는 정신과 의사나 상담사를 인생의 코치 혹은 답을 찾아주는 사람으로 여기는 것이다. 하지만 상담은 나 대신 답을 찾아주는 과정이라기보다는, 스스로를 이해하고 알아갈 수 있게 '돕는' 과정에 가깝다. 퍼스널 헬스 트레이너가 혼자서도 운동을 잘할 수 있게 도와주는 사람이듯, 상담사 없이도 세상을 잘 헤쳐나갈 수 있게 마음의 힘을 키워주는 과정이 바로 심리 상담이다. 닥터 K와 함께한 시간은 내 마음의 근육을 키워주었으며 내가 어떤 사람인지 더 자세히 알게 해준 계기가 되었다. 덕분에 오랫동안 나를 괴롭혀온 불안감이나 우울도 거의 대부분 내려놓을 수 있었다.

또한 진료실 반대편에 앉는 경험은 정신과 진료를 바라보는 나의 시각을 넓혀주었다. 정신과 의사의 반대편 의자에 앉아 있는 느낌과 경험에 대해 배울 수 있었던, 말 그대로 환자의 입장에 대한 인지적 공감을 해보기에 더할 나위 없이 좋은 연습이었다.

닥터 K를 만날 때마다 그런 생각을 많이 했다. 내가 의과대학을 다닐 때도 만약 이런 혜택이 있었다면 어땠을까. 심리 상담을 받고 정신과 의사를 만날 수 있는 길이 누구에게나 열려 있다는 걸 학교 측에서 알려주고, 병원에서 그런 서비스를 쉽고 저렴하게 접근할 수 있도록 제공했다면. 그랬다면 그때의 나도 조금 덜 힘들지 않았을까.

○

"도움 필요해"라는
말 한마디

내 인생에서 가장 큰 변곡점은 아마 딸이 태어난 날일 것이다. 아이가 태어난 후로 내 인생은 완전히 새로운 전기轉機를 맞았다.

나는 꼭 타인과 비슷한 경험을 가지고 있어야만 그 사람을 이해할 수 있다고 생각하지는 않는다. 하지만 부모로서의 삶은 부모가 되기 이전의 그것과 너무나도 달라서, 아이가 태어나기 전에는 상상할 수조차 없었던 감정을 겪고 수많은 것들을 배우게 되었다. 그리고 아이가 한 해 한 해 커갈수록, 나는 아이와의 경험을 통해 더 나은 사람이 될 수 있음에 감사하고 있다.

아이가 다섯 살이던 해의 어느 날이었다. 여느 때와 다름없이 유치원에 다녀온 아이를 씻겨주던 중, 아이가 갑자기 질문을 던졌다.

"아빠, 아빠가 만난 환자 중에 누가 가장 용기 있었어? 아줌마였어, 아저씨였어?"

"왜?"

"용기가 있어야 환자가 되지~ 모르는 사람한테 도와달라고 이야기해야 하잖아."

그 말을 하는 표정과 마음이 너무 사랑스러워서 꼭 안아줄 수밖에 없었다. 아마도 그로부터 몇 달 전 내가 〈세바시〉에서 '나의 약한 모습을 보여주는 용기가 필요하다'는 주제의 강연을 할 때에 방청석의 엄마 옆에서 유심히 앉아 이야기를 듣더니, 그 내용이 불현듯 떠올랐나 보다.

아이를 처음 미국의 어린이집에 보내기 시작했을 때, 집에서는 한국어만 썼던 터라 영어에 익숙하지 않은 아이를 혼자 떨어뜨려 놓는다는 것이 못내 안쓰러웠다. 게다가 우

166

리 집 근처에 있던 어린이집들은 대부분 정원이 꽉 찬 바람에, 어쩔 수 없이 한 살 많은 아이들 반에 보낼 수밖에 없었다. 같은 반 아이들보다 머리 하나만큼은 작은 딸을 보면서 한없이 미안했던 기억이 난다.

그렇게 어린이집을 다니기 시작한 지 얼마 되지 않아 아이가 새롭게 하기 시작한 말이 하나 있다. '아빠, 도움 필요해'라는 말이다. 추측하기로는 영어로 'I need help'를 자기 머릿속에서 한국어로 번역해 익힌 말인 것 같다. 즉, 아이가 미국의 단체 생활에서 처음 배운 것은 '도움이 필요할 때 도움을 요청하는 법'이었다. '힘들어도 내색하지 않는 것이 강인한 사람'이라고 배운 나에게 이는 신선한 충격이었다. 모든 일을 혼자 해결할 필요도, 그럴 수도 없다는 것.

도움을 청하는 것이 약함이 아닌 용기의 증거란 걸 배운 아이는 시간이 지나 청소년, 어른이 되어서도 힘들 때 자기 마음을 더 쉽게 표현할 수 있지 않을까. 그래서 나는 아이가 "아빠, 도움 필요해"라고 말할 때마다 이 단순한 이치를 미리 가르쳐준 어린이집에 진심으로 감사한 마음이었다. 나는 내 아이가 힘들 때 혼자서 고민하기보다는 부모에게든 친구에게든 스스럼없이 마음속 이야기를 털어놓고, 혼자 견디기 힘든 상황이라면 얼마든지 도움을 요청할 수 있는 어른으로 자라길 바란다. 그래서 아이가 어릴 때부터 '도움 필요해'라고 말할 때면 혼자 힘으로 무언가를 해냈을 때만큼이나 칭찬하며 밝은 미소를 돌려주곤 했다.

실제로 영어로 '용기'를 뜻하는 courage라는 단어는 심장이라는 뜻을 가진 라틴어 cor에서 유래했다고 한다. 또한 courage라는 단어가 쓰이기 시작한 초창기에는 이 말이 심장 속, 즉 '마음속의 이야기를 하는 것'이란 뜻으로 쓰였다는 해석도 있다.

사랑 고백에도 용기가 필요하듯이 자신의 마음속 이야기, 특히 힘든 감정에 대한 이야기를 하는 데에는 큰 용기가 필요하다. 마이클 펠프스나 드웨인 존슨 같은 강인한 사람들이 앞장서서 자신의 정신 질환과 우울증에 대해 고백한 것 또한 결코 우연이 아니다. 그들은 신체, 운동 능력만큼 강한 내면을 가진 사람들이기에 용기를 낼 수 있었으리라 생각한다. 어쩌면 이제 새로운 시대의 강인한 사람은 '스스로의 취약성을 드러낼 수 있는 사람'이지 않을까. 자신의 만

성적인 우울증을 공개적으로 고백한 드웨인 존슨이 "도움을 청하는 것은 약함이 아니라, 오히려 우리의 슈퍼 파워다"라고 말했듯이 말이다.

정신과 의사로서 아이에게 또 하나 어릴 때부터 일찌감치 꼭 가르치고 싶었던 것이 있다. 자신의 힘든 감정에 대해 부모에게 이야기할 수 있어야 한다는 점이다. 이런 다짐을 하게 된 데는 진료실, 응급실, 입원 병동에서 만난 소아 환자들의 영향이 컸다. 생각보다 너무나 많은 청소년이 자신의 마음을 표현하지 못했다. 가장 가까운 곳에서 그들을 지지해 주는 부모에게조차 말이다. 결국 곪을 대로 곪은 염증은 터지기 마련이었고, 충분히 외래에서 치료받고 나아질 수도 있었을 아이들이 정신적 응급 상황이 될 때까지 도움을 받지 못해 결국은 응급실이나 입원 병동에 오는 모습을 자주 목격하곤 했다.

하지만 반대로 생각해 보면 우울증과 같은 정신 질환이 발생했을 때에 이르러서야 힘든 마음에 대해서 처음 이야기하는 것은 결코 쉬운 일이 아니다. 정신 질환이 아닌 가벼운 우울감에 대해서도 말하지 못했는데, 하물며 더 무거운 아픔을 어떻게 쉽게 꺼낼 수 있을까.

그래서 가족끼리 정신 건강에 대한 대화를 일상적으로 주고받는 문화를 만들어나가기 시작해야 한다. 평소에 서로의 감정을 진솔하게 나누고 힘든 마음을 격려해 주던 가정에서는, 아이가 우울증에 걸리거나 자살 생각이 들기 시작했을 때 부모에게 자신의 감정을 털어놓기가 훨씬 덜 어려울 것이다.

그리고 가족끼리 정신 건강에 대한 이야기를 터놓고 이야기하기 위해서는 가장 먼저 전제되어야 할 점이 하나 있다. 부모부터 취약해져야 한다는 것이다. 아이에게 '완벽하지 않아도 괜찮다는 것'을 보여주려면 '부모도 완벽하지 않다'는 당연한 사실을 인정하고 아이에게 신호를 보내야 한다. 그런데 많은 부모가 무의식적으로 자녀들에게는 자신의 완벽한 모습만을 보여주려고 노력한다. 물론 부모가 자녀 앞에서 어떠한 절제 없이 모든 감정을 날것으로 드러내는 일 또한 바람직하지 않고, 자녀가 어릴 때에는 안정감과 보호를 받는다는 느낌을 주어야 마땅하다. 하지만 적어도 아이가 어느 정도 성장해 우울증이 발병할 수 있는 나이, 가령 중학생이나 고등학생이 되었을 즈음에는 '부모 또한 결국 한 사람에 불과하기에 괜찮지 않을 때가 있고, 완벽할 수 없다'라는 메시지 정도는 전할 필요가 있지 않을까. 나는 그것이 가족 간에 정신 건강에 대해 허물없이 대화하기 위한 전제 조건이라 생각한다.

세상에 자녀가 심적으로, 정신적으로 힘든 상황일 때에 이를 돕고 싶지 않은 부모는 단언컨대 없을 것이다. 하지만 그 마음이 아무리 강렬한들, 아이가 부모에게 자신의 상태를 솔직하게 고백하지도, 도와달라고 말하지도 않으면 부모는 영원히 아이에게 힘이 되어줄 수 없다. 게다가 우울증에 걸린 뇌는 자신이 '타인에게 짐이 된다'고 세뇌를 시켜버리기 때문에, 부정적인 감정을 나누는 게 습관화되지 않은 이상 우울한 마음을 숨기기 쉽다.

미국의 크리스 개사드Chris Gethard라는 코미디언은 10대 때부터 우울증과 공황장애, 자살 생각에 시달렸다고 한다. 그는 이에 대해 솔직히 고백한 〈커리어 자살Career Suicide〉이라는 다큐멘터리를 제작해 평단과 대중의 찬사를 받기도 했다. 그 후 개사드는 자신이 10대 때부터 우울증에 시달렸고, 고등학교를 졸업할 무렵에는 스스로도 전문적인 도움이 필요하다는 사실을 깨달았으나 실제로는 대학교를 졸업할 때까지 누구에게도 도움을 청하지 못했다며 자신의 블로그에 직접 글을 남겼다. 그 당시 그에게 가장 큰 두려움 중 하나는 바로 아버지를 실망시키는 것이었다. 하지만 정작 시간이 흐른 후, 우울증에 대한 그의 뒤늦은 고백을 들은 아버지는 이렇게 말했다고 한다.

"(만약 네가 고등학교 때 나에게 우울증에 대해서 털어놓았다고 해도) 나는 아마 너를 어떻게 도와줄 수 있을지 잘 몰랐을 거야⋯⋯. 하지만 너를 도와줄 수 있는 사람을 찾기 위해서라면 그 어떤 벽이라도 뚫고 지나갔을 거야."

나 역시 한 아이의 아버지로서, 개사드 아버지의 말을 읽으며 가슴이 저려왔다. 아마 세상의 어떤 부모든 그와 같은 마음이지 않을까. 아이가 우울해서 세상을 등지고 싶을 만큼 힘들다고 하는데, 그때 부모의 마음은 누구나 별반 다르지 않을 것이다. 자신이 직접 아이의 우울을 해결하거나 도와줄 방법은 모르더라도 어떻게든 그 문제를 도와줄 수 있는 사람을 찾기 위해 백방으로 노력하는 것이 부모다. 단, 이 역시도 아이가 부모에게 힘든 마음을 터놓고 이야기한다는 전제 조건이 성립되어야 가능하다. 그래서 나는 딸이 조금 더 크면 꼭 전해주고 싶은 말이 하나 있다.

"마음이 힘들면, 우리 뇌는 마치 주변 사람들이 자기를 짐처럼 여길까 봐 걱정을 하게 만들곤 해. 도움을 청해도 아무 도움도 받지 못할 거라고 머릿속에서 거짓말을 하는 거지. 그런데 실제로는 그렇지 않았어. 아빠 주위에는 아빠가 손만 내밀면 기꺼이 도움을 줄 사람이 많았거든. 그러니까 우리 딸도 마음이 힘들면 꼭 말해줄 수 있겠니? 문자 한 통이나 말 한마디, 통화 한 번이면 충분해. 엄마 아빠는 어떤 상황에서도 널 평가하거나 너에게 실망하지 않을 거야. 아니, 네가 엄마 아빠에게 도움을 청했다는 걸 누구보다도 자랑스러워할 거란다."

○

아이로부터 배운
다양성에 대한 이야기

아이가 이제 막 새 유치원에서 첫 학기를 보내기 시작한 어느 날 밤, 잠들기 전 문득 나에게 할 말이 있는지 우물쭈물하다가 이내 말을 꺼냈다.

"아빠, 할 말이 있어."

"뭔데?"

"사람마다 다 다르다는 건 알지만…… A를 보면 왠지 조금 불편해."

영문을 잘 모르겠어서 조금 더 질문을 했는데도 아이는 좀처럼 자신이 왜 불편한지를 제대로 설명하지 못했다. 그리고 다음 날, 유치원에 아이를 바래다주러 갔는데 마침 어제 말한 친구로 추정되는 아이가 아버지와 함께 걸어오는 모습이 보였다. 다가가 조금 더 가까이에서 아이를 보니, 그 친구는 경도의 지적장애를 가진 것으로 보였다. 나는 친구의 아버지에게 먼저 반갑게 인사를 건넸다. 우리 딸아이가 새로 이 유치원에 전학을 왔으며 A와 같은 반이라고. 딸아이도 A와 인사를 시켰고, 그렇게 둘은 교실까지 나란히 걸어 들어갔다.

그날 선생님이 일과 중에 보내준 사진을 보니 아이는 어느새 웃으면서 A와 사이좋게 놀고 있었다. 사진을 보는 내 얼굴에 저절로 미소가 지어졌다. 그날 밤 아이를 재우면서, 아빠는 오늘 아침에 A와 만나 너무 반가웠고 딸에게 좋은 친구가 되어줄 것 같다고 이야기하며 넌지시 물었다.

"혹시 아직도 A가 불편하니?"

망설이며 고민을 이야기했던 어젯밤 일이 무색할 만큼 아이는 명랑하게 대답했다.

"아니, 이제 편해졌어."

인간은 대부분 자기와 조금이라도 '달라 보이는' 사람보다 비슷해 보이는 사람에게서 더 편안함을 느낀다. 그것은 거의 본능에 가깝기에, 아이도 처음엔 정확한 이유를 설명하지 못하고 그저 '불편하다'는 말로밖에 표현하지 못했을 것이다. 내 딸아이의 경우에는 약간의 지적 능력의 차이가 가져오는 다름이었지만, 사실 '다름'의 경우의 수는 무한하다. 가장 단순하게는 피부색에서부터 머리 모양이나 언어의 억양 등등. 어쩌면 동양인을 한 번도 만나보지 못한 아이는 동양인인 내 딸아이를 처음 본 후 자기 부모에게 불편했다고 말했을지도 모를 일이다.

다섯 살 아이의 마음에서도 드러나듯, 이처럼 '나와 조금이라도 다른 사람'에 대한 경계심 내지 불편함은 우리 뇌에 꽤나 깊게 자리 잡고 있다. 진화론적으로는 나와 달라 보이는 사람에게 어느 정도의 경계심을 가져야 생존에 유리했을 것이라고 짐작할 수 있다. 그렇다고 해서 2020년대를 살아가는 우리가 이와 같은 진화론적 설명으로 잘못된 선입견을 정당화해서는 안 될 일이다. 단지 사람은 누구나 태어나면서부터 타인에 대해 조금은 다른 시선을 가지고 있을

지도 모른다는 이야기를 하고 싶을 뿐이다.

그리고 이러한 선입견을 깨뜨리는 방법은, 나와 다른 사람을 자주 만나는 일이다. 그것도 가능하면 어릴 때부터. 도서관에 가서 책을 빌리듯 다양한 사람의 시간을 빌려 대화를 나누는 '사람 도서관' 프로젝트처럼 말이다. 덴마크에서 처음 시작된 이 프로젝트는 그 효과를 증명하듯 현재는 80개국 이상에서 실행되고 있다. 타인에 대한 편견을 줄이는 데는 '만나서 대화하며 서로를 알아가는' 것이 가장 효과적이란 사실이 점점 더 알려지고 있는 것이다.

우리 가족은 차로 이동할 때면 딸아이를 위해 오디오북을 즐겨 듣곤 한다. 보통 나는 오디오북에 크게 집중하지 않고 운전하는 데 신경을 쏟지만, 『원더Wonder(한국어판 제목 '아름다운 아이')』라는 소설은 유독 내 귀를 끌어당기는 힘이 있었다. 다만 내가 아는 내용은 틈틈이 귀에 들어오는 게 전부였으므로 소설의 줄거리는 내 머릿속에서 부분적으로 비어 있었다. 그래서 어느 주말에 아이가 영화화된 〈원더〉를 보고 싶다고 했을 때, 나는 내심 반가웠다. 그렇게 만난 영화

는 긴 소설을 축약해야 하는 한계 때문인지 군데군데 건너
뛴 듯한 느낌도 들었지만, 작가가 이 작품을 통해 말하고 싶
었던 메시지를 전달하기엔 충분했다.

〈원더〉의 주인공인 어거스트는 선천적으로 희귀성 유전
질환을 갖고 태어난 남자아이다. 태어난 후 스물일곱 번의
수술을 겪어야 했고, 목숨은 간신히 건질 수 있었지만 남들
과는 많이 다른 얼굴을 가지게 되었다. 영화가 처음 시작될
무렵, 아이는 여러 번 오디오북을 들어 줄거리를 알고 있었
음에도 주인공 어거스트의 얼굴을 보고 무섭다며 눈을 잠
시 가렸다. 하지만 이내 익숙해졌는지 손을 내리고는 끝까
지 즐겁게 영화에 집중했다.

어거스트가 태어난 후 그의 엄마는 동화 작가로서의 꿈
을 접고, 아이가 초등학교를 졸업할 나이가 될 때까지 집에
서 홈 스쿨링을 한다. 하지만 어거스트가 중학교에 가야 할
때가 되자 부모는 이제 아이가 세상으로 나갈 수 있게끔 도
와주어야 한다는 결론에 다다르고, 결국 학교에 보내기로
결정한다. 이야기는 이 시점에서부터 시작된다.

첫 등교 날 어거스트를 학교에 들여보내는 부모의 마음

은 근심으로 가득 차 있다. 여타의 아이들과는 조금 다르게 생긴 얼굴 때문에 어거스트가 놀림을 받거나 따돌림을 당하지는 않을까 걱정하는 것이다. 그렇게 학교에 터벅터벅 걸어 들어가려는 어거스트에게 누나 올리비아는 귓속말로 속삭인다.

"원래 돋보이기 위해 태어난 사람은 무리와 섞일 수 없는 거야."

예상대로 어거스트는 첫 등교 날부터 학교 아이들의 시선을 사로잡는다. 그것도 안 좋은 방향으로. 뉴욕의 명문 사립학교에서 어거스트는 놀림과 조롱의 대상이 되기도 하고, 그의 몸을 만지면 30초 이내로 손을 씻어야 한다는 '전염병 놀이'의 희생양이 되기도 한다. 하지만 그런 환경 속에서도 어거스트를 친구로서 반갑게 맞이해 준 잭 윌, 그리고 서머라는 두 친구의 도움으로 그는 학교 생활에 조금씩 적응을 하게 된다.

우리는 '다름'을 어디까지 '다르지 않게' 바라볼 수 있을까? 영화 〈원더〉는 장애에 대한 이야기이기도 하지만, 동시에 '다름'에 대한 이야기이기도 하다. 어거스트에게 장애가 있다 해도 다른 아이들과 구별되는 것은 사실상 외형적인 요소, 즉 그의 얼굴이 대부분이었다. 그리고 앞서 말했듯이 우리가 일상에서 마주하는 다름은 장애는 물론 외모나 인종, 사회문화적·경제적 배경일 수도 있다.

영화 속에도 어거스트와는 다른 이유로 같은 반 아이들과 구별되는 인물들이 나온다. 반 친구들 중 어거스트에게 자발적으로, 가장 진심을 담아 다가간 서머가 갈색 피부를 가진 여자아이였다는 설정은 우연이 아닐 것이다. 어거스트에게 좋은 친구가 되어준 잭 윌도 부유한 집 아이들로 가득 찬 뉴욕의 사립학교에서 경제적인 이유로 장학금을 받고 다니는 아이였다. 서머도, 잭 윌도 아마 자신이 학교 내 주류의 아이들과 같지 않다는 것을 어릴 때부터 경험했었기에, 혹은 정도의 차이는 있을지언정 친구들이 자신만 다르게 대할 때의 기분을 알았기에 어거스트를 더 열린 마음으로 받아들일 수 있지 않았을까 생각한다.

나는 한국 사회에서 자랐기에 외국인 친구를 만날 기회가 많지 않았고, 장애를 가진 친구 또한 대학교에 입학해서야 처음 만났다. 그런 획일적인 환경에서 '주류'로 자란 나는 아이러니하게도 서른이 넘어 미국, 그것도 특히나 다양성이 떨어지는 미네소타에서 레지던트 수련을 받으며 처음으로 비주류의 입장에 서보게 되었다. 일을 처음 시작한 1년간은 수많은 백인들 중 나 혼자만 유일한 동양인일 때가 많았다. 내가 정신과 의사로서 만난 첫 환자는 아침 회진 중에 나의 인종을 언급하며 공격적인 언사들을 쏟아붓기도 했다. 이와 같은 일련의 사건을 통해, 나 자신이 미국 사회에서 소수 인종이며 비주류임을 뼈저리게 느낄 수 있었다.

그리고 그런 경험들을 안고 뉴욕대학교로 옮긴 후, 이번에는 미국에서 가장 다양한 사람이 사는 도시인 뉴욕의 매력에 흠뻑 빠져 지냈다. 그곳에서 나는 비로소 나와 다른 피부색과 문화를 가진 셀 수 없이 많은 사람과 공감하고 공명할 수 있었다.

하지만 늘 아쉬움은 남았다. 내가 좀 더 어린 나이부터 다양한 사람들을 만났더라면 더 좋지 않았을까. 그러면 나의 세계관은 또 다르게 팽창할 수 있지 않았을까. 이러한 아쉬움은 자연스럽게, 내 아이는 학교에서의 배움을 통해, 또

〈원더〉 같은 영화를 통해 내가 어릴 적보다 훨씬 다채로운 세상을 만나고 있다는 게 무척이나 감사하다는 생각으로 이어진다. 〈원더〉는 장애를 가진 아이가 태어난 후 그 아이를 중심으로 돌아갈 수밖에 없었던 가족의 분위기 속에서 남들보다 빨리 성숙한 어거스트의 누나 올리비아의 시점, 그리고 경제적으로 비교적 빠듯한 집안에서 태어나 부유한 집 아이들과 학교를 다니는 잭 월의 시점, 또 미군이었던 아버지를 어릴 적 잃은 서머가 바라본 시점을 다각도로 그려줌으로써 다른 등장인물들의 보이지 않는 서사까지도 풍성하게 느낄 수 있었다. 영화를 통해 다양한 배경과 상황을 가진 아이들이 어거스트를 바라보는 각기 다른 시점을 간접적으로 경험하면서 나는 딸에게도, 나에게도 이보다 더 좋은 공감 연습은 없을 것이라 생각했다.

북토크나 강연에서 "어떻게 하면 공감을 잘하게 될 수 있나요?"라는 질문을 받을 때마다 "소설을 읽는 것이 가장 쉬운 방법입니다"라고 대답하면서도 너무 뻔한, 혹은 엉성한 대답이 아닌가 스스로에게 되물을 때가 많았다. 하지만 〈원더〉를 통해 나는 다시 한번 잘 쓰인 소설, 혹은 잘 만들어진 영화가 공감을 연습하기에 더할 나위 없이 훌륭한 도구라는 것을 확인할 수 있었다. 흠뻑 몰입할 수 있는 예술 작품은 우리가 보다 쉽게 타인의 신발을 신고 걸어보게 만든다. 그중에서도 "어거스트는 자기의 외모를 바꿀 수 없어요. 하지만 우리가 그를 바라보는 방식을 바꿀 수는 있겠죠"라는 영화 속 교장선생님의 말은 마음에 깊은 여운을 남겼다. 영화를 본 후 이 말을 가슴에 새기고 삶에서 실천해야겠다고 결심한 사람이 비단 나뿐만은 아닐 것이다.

아이가 태어나면서 부모로서 다짐한 것이 몇 가지 있었다. '최고의 부모'가 되려고 노력하지 말기, 무슨 일이 있더라도 아이를 다른 아이와 비교하지 말기, 아이에게 '누구처럼 되라'고 주입하지 말기. 그렇지만 영화를 본 후 나는 아이에게 이렇게 말했다,

우리 딸이 어거스트를 있는 그대로 바라본 서머 같은 아이가 되었으면 좋겠다고, 대부분의 아이들이 어거스트를 만지면 전염병이 돈다고 손을 씻는 놀이를 하며 그를 괴롭힐 때, 유일하게 다가가 먼저 악수를 청하고 같이 점심을 먹

으며 친구가 되어준 서머처럼 자라달라고.

　　그렇게 아이가 태어난 지 6년 만에 처음으로 내가 만든 나만의 세 번째 규칙을 깼다.

○

우리는 모두
고유한 존재라는
당연한 사실

제대 후 복학해 학교의 대학생활문화원에서 운영하는 '대인
관계 향상 프로그램'에 한 학기 동안 참여한 적이 있다. 집
단 심리 상담 형태로 이루어지는 프로그램으로, 친한 친구
가 큰 도움을 받았다며 추천한 데다가 심리학을 공부하는
학생으로서 그러한 형태의 심리 상담을 꼭 경험해 보고 싶
었기에 기대를 안고 참여했던 기억이 난다.

　참여한 동료 학생들은 정말 다양한 목적과 고민거리를
가지고 있었다. 어떤 친구는 부모님과의 갈등을, 또 누군가

는 학교에서 겪는 학업의 어려움을 토로했고 드물게는 심각한 트라우마를 안고 문화원을 찾아오는 친구도 있었다. 이성 친구 혹은 '썸 타는' 친구와의 일상적인 고민거리로 온 학생들도 물론 있어서, 예상보다도 다양한 이야깃거리가 주제에 오르곤 했다. 저마다 다른 환경과 배경을 가진 열 명 남짓한 학생들은 서로 상대방의 좋은 상담자가 되어주기도 했지만, 동시에 좁힐 수 없는 간극으로 공감이 통 어려운 지점들도 분명 있었다. 하지만 참여 학생 전원이 한마음으로 이어진 주제가 있었으니, 바로 '열등감'에 대한 대화였다.

이렇게나 많은 서울대학교 학생이 열등감에 시달린다는 것이 당시의 나로서는 큰 충격이었다. 한 학생이 자기의 열등감에 대해 나누면 다른 학생들 모두 맞장구를 치며 비슷한 경험에 대해 이야기했다. 우리 그룹에는 나 말고 또 다른 복학생 남학생이 있었는데, 이 친구는 리더십도 있고 성격도 시원시원해서 곧잘 그룹의 리더 역할을 하곤 했다. 후배들이 고민거리를 고백할 때면 인상적인 솔루션이나 도움이 되는 말을 자주 해주는 그였기에, 이번에는 어떤 조언을 해줄지 궁금했다. 그는 잠시 생각에 잠기는 듯하더니, 자신이 열등감을 극복한 노하우를 나누기 시작했다.

"누군가에 비해 내가 부족하다는 생각이 들어 열등감을 느끼면요, 저는 그 사람이 나보다 못하는 것을 찾아봐요. 그래서 내가 그 사람보다 잘하는 게 있다는 걸 확인하면 열등감이 좀 누그러지거든요."

대부분의 학생들은 좋은 방법이라며 고개를 끄덕였다. 처음으로 열등감에 대한 고민거리를 털어놓았던 한 신입생 친구도 그의 조언에 감사를 표시했다. 하지만 나는 그 해법조차 충격이었다. 사실 그것은 본인의 우월감으로 열등감을 잠시 덮는 미봉책에 지나지 않는다. 열등감과 우월감은 동전의 양면이라, 타인에 대해 우월감을 자주 느끼는 사람은 열등감 또한 많이 느낄 수밖에 없다. 두 감정 모두 본질은 '사람을 비교하고 줄 세우는 것'에 있기 때문이다. 그런 면에서 열등감을 우월감으로 상쇄시키라는 조언은, 본질에는 접근조차 하지 못한 채 오히려 문제를 악화시키는 결과를 낳는다.

그날은 여러 학생들의 뜻밖의 고백에 조금은 놀란 마음으로 상담을 마쳤던 기억이 난다. 예상치 못했던 이야기의 흐름에 당황해 공개적으로 내 의견이나 감정을 표현하진 못했지만, '왜 이렇게 많은 학생이 열등감에 시달리고 있을까'에 대한 근원적인 질문이 머릿속에서 떠나지 않았다. 그날 이후로 긴 시간이 지나 정신과 의사로서 환자들을 만나게 되면서 당시 내 머릿속을 채웠던 고민들에 대해 더 깊게 생각해 보게 되었다. 미국에서 만난 환자들은 열등감이나 스스로를 타인과 비교하는 문제를 호소하는 경우가 적었던 반면, 한국에서 건너온 유학생이나 이민자인 환자들은 열등감으로 인한 어려움을 적지 않게 고백하곤 했던 것이다.

이처럼 열등감은 다른 문화권에 비해 한국인에게서 가장 확연히 나타나는 특징 중 하나다. 진료실, 온라인, 오프라인을 불문하고 열등감을 호소하는 분들이 너무나 많다. 나는 그 이유가 '엄친아', '엄친딸'이라는 단어에 있지 않을까 생각한다. 집에서도, 학교에서도 끊임없이 비교당하며 살아왔기 때문에.

엄친아와 엄친딸은 우리나라의 비교 문화를 잘 보여주는 용어다. 한국에 살던 시절, 이 용어의 뜻을 묻는 외국인 친구에게 설명을 하느라 진땀을 뺐던 기억이 있다. 단순히 단어 하나하나가 가진 의미를 풀이해 주어도 그 뉘앙스가 제대로 전달되지 않았기 때문이다.

어렸을 때부터 엄마 친구의 딸·아들, 아빠 친구의 아들·딸과 비교당하는 일은 우리나라에서 드물지 않다. 문제는, 그렇게 자란 아이들은 커서도 자연스레 자신과 타인을 비교하게 된다는 것이다. 지금이야 조금 달라졌는지 모르겠지만, 내가 어릴 때만 해도 학교에서는 1등부터 꼴찌까지 학생들의 등수를 모조리 표시해 교실 뒤 게시판에 붙여놓곤 했다. 학창시절 한 친한 친구는 2등을 했더니 부모님이 1등을 한 아이와 자신을 비교하더라며 맘 아픈 경험담을 털어놓기도 했다. 나는 그러한 양육과 교육 과정이 우리나라에 만연한 열등감, 그리고 그 반대급부인 상대적 우월감을 낳은 게 아닌가 추측한다.

그렇다고 이를 단지 우리나라 사람들이 유독 비교를 좋아한다거나, 허영심이 많아서라거나 하는 개개인의 문제로 치부하고 싶지는 않다. 일단은 비교하기 너무 쉬운 우리 사회의 특성이 가장 큰 원인일 것이다. 가령, 미국에 살다 보면 나는 내 외모에 대해 별 생각이 없어진다. 인종적으로 너무나 다양한 사람들이 있기에 누구는 잘생겼고 누구는 그렇지 않다는 기준조차 모호하기 때문이다. 그래서 인종적, 문화적 다양성이 큰 사회는 비교 자체가 쉽지 않다. 그러다가 한국행 비행기를 타고 인천공항에 내리면서 다들 비슷하게 생긴 사람들, 어떻게 보면 '주류'에 속하는 순간 나는 역설적으로 외모를 더 의식하기 시작한다. 즉, 한국 사회의 비교 문화는 어느 정도 환경적인 영향도 크다는 생각이다. 물론 한국 사회에서 타인의 외모에 대한 이야기가 자유롭게, 때로는 과도하게 이루어지는 것도 이에 한몫할 것이다. 방송 촬영을 위해 한국을 방문했던, 일주일도 채 안 되는 짧은 시간 동안 거의 매일같이 외모에 대한 이야기를 들었다. "공부 참 잘하게 생기셨네요"처럼 내 외모를 평가하는 것 같은 말부터 "우리 나 교수, 이마가 훤하네", "종호야, (탈모)약 좀 먹어야겠다?"와 같이 나를 걱정해 주는 말까지.

미국에서 생활하는 몇 년 동안 외모에 대한 이야기를 거의 듣지 않다가 갑자기 나의 외모가 대화 주제에 오르다 보니 어느새 나도 모르게 위축이 되는 나 자신을 발견했다. 외모에 대해 칭찬을 건네는 감사한 분들도 많지만, 그와 같은 칭찬도 외모를 의식하게 되는 성향에 일조하는 것은 분명하다.

외모나 학벌 혹은 성공 등에 대해 획일화된 이상적 기준이 존재하고, 그러한 잣대가 문화 전반을 지배하는 사회일수록 줄 세우기가 쉬워지며 비교의 유혹은 커질 수밖에 없다. 아무리 비교하기 쉬운 환경이라고 해도, 만약 그 사회가 추구하는 가치가 다양하다면 그래도 줄 세우기 문화가 이토록 만연하지는 않을 것이다. 하지만 안타깝게도 한국 사회의 다양성 결여는 가치관에도 똑같이 나타난다. 학창시절에는 공부로 줄을 세우고 오로지 그것만으로 평가하며, 20대 중반에서 후반 사이라는 '적당한 시기'에 취업을 해야 한다. 그러고 나면 지금은 덜해졌다지만 '적령기'에 결혼해서 너무 늦지 않게 아이를 낳아야 하는 압박에 시달린다. 이처럼 삶의 '정답'이 정해진 사회라면 정해진 규격에서 벗어난 사람들은 소외되고, 열등감에 시달리기 쉬울 수밖에 없다. 또한 그 사회에서의 정답을 모두 맞혀서 일종의 최상위 사슬에 안착한 사람들조차도 정해진 잣대가 하나라면, 자기보다 잘난 누군가를 올려다보며 열등감을 느끼기 쉽다. 이러한 틈에서 개인의 의지로만 열등감의 고리를 끊으라는 건 사실 힘에 부치는 문제일 것이다. 결국은 다양성을 존중하는 사회로 나아가야만 이 문제가 본질적으로 해결될 수 있다.

하지만 당장 나를 매일매일 괴롭히는 내면의 열등감으로부터 자유로워질 수 있는 방법은 없을까. 오랜 기간 이 문제에 대해 생각해 왔지만 원론적인 해결책 외에는 마땅한 조언이 떠오르지 않는다. 굳이 비교를 하려면 나와 타인을 비교하는 게 아니라 '현재의 나'와 '과거의 나'를 견주어보라는 조언. 상투적일지 모르지만 결국은 이것이 가장 원론적이며 근본적인 해결책이다.

누구에게나 반복적으로 머릿속을 침투하는 원치 않는 생각들이 있을 것이다. 나와 타인을 비교하는 습관도 마찬가지다. 그런 생각이 자기도 모르게 찾아올 때, 의식적으로라도 생각을 전환해 보는 것이다. '나와 비교 가능한 건 나 자신밖에 없어. 지금의 나와 과거의 나를 비교하면 어떻지?'

하는 식으로. 만약 현재의 내가 과거의 나보다 더 나아 보인다면 마음의 위안이 될 것이다. 만에 하나 현재의 내가 과거의 나보다 오히려 부족해 보인다면? 그러면 이를 발판 삼아 스스로 동기를 부여할 수도 있지 않을까.

가지각색의 사람이 존재하는 미국이란 사회에서, 또 그 중에서도 특히나 다양한 사람을 만나는 정신과 의사로 살아가면서 내가 배운 것은 '우리 한 사람 한 사람은 어느 누구와도 비교할 수 없는 고유한 존재'라는 사실이다. 진료실에서 개개인의 이야기에 대해 깊게 알아가면서 사람은 모두 외양뿐 아니라 성격, 성향, 자라온 환경, 가족과의 관계 등 정말 하나부터 열까지 다 다르다는 것을 깊이 깨달을 수 있었다.

외모가 유사해 보이는 아시아계 미국인, 같은 한국계 미국인이라고 해서 두 사람이 같을 리 없다. 모두 천차만별인 이야기를 가지고 있다. 그 이야기에는 어떤 우열도 없으며 그저 한 사람의 고유함에 지나지 않는다. 우리 또한 마찬가지가 아닐까. 나와 너무 닮았다 해도 타인은 어찌 되었든 타인이다. 어느 누구와 비교한들 아무 의미가 없다. 그러니 타인과의 비교야말로 나의 행복을 방해하는 가장 큰 습관이라는 점을 되새기고, 나는 오직 나 자신과만 비교할 수 있는 존재임을 깨닫는 것이 끊임없는 열등감의 악순환을 끊는 아주 작은 시작점이 될 수 있을지도 모른다.

○

방어막을 내리는 순간
우리는 연결된다

박지성 선수가 맨체스터유나이티드에서 맹활약하던 나의 20대 시절, 친구들은 새벽잠을 줄여가면서까지 박지성 선수의 게임을 시청하곤 했다. 축구 열풍이 대한민국을 뒤덮었던 시기였는지라, 축구를 딱히 즐기지 않아 월드컵 경기 외에는 따로 시간을 챙겨서 보지 않는 내가 조금은 유별나 보였을지도 모르겠다. 그런 나도 손흥민 선수만큼은 참 좋아해서, 지금도 그가 속한 토트넘의 경기는 가끔씩 찾아보곤 한다. 조금 뜬금없을지도 모르지만, 내가 손흥민 선수를 좋아하는 이유는 그가 '잘 울어서'다.

　나와 비슷한 세대 혹은 윗세대라면 '남자는 태어나서 평생 세 번 운다'는 말을 들으며 자랐을 것이다. 옛날부터 전통적인 '강한 남자' 상은 슬퍼도 눈물을 보이지 않고 감정을 안으로 삭이는 모습이었다. 반면에 손흥민 선수는 경기가 끝나면 종종 울기도 하고, 인터뷰를 봐도 자신이 정서적 emotional인 사람이라고 스스럼없이 이야기한다. 남자가 자주 울어도 충분히 멋있을 수 있음을, 또 훌륭한 리더일 수 있음을 보여주는 좋은 본보기다. 그것이 내가 손흥민 선수를 좋아하는 이유다.

　'남자는 태어나서 세 번 운다'는 말에서 잘 드러나듯이 남성은 자신의 감정, 그중에서도 특히 슬픔을 표현하는 것을 어릴 때부터 엄격하게 제한받는다. 그렇게 우리 사회가 설정해 놓은 '전통적인 강한 남성상' 탓에 남성은 슬퍼도 울지 않고, 힘들어도 힘들다고 말하지 않는 경향이 강하다. 우울한 남성 대부분은 자신이 경험하는 우울이 '남자답지 못한 것'이고, '자신이 약하기 때문'에 생겨났다고 여기는 경우가 많다.

당연히 이는 건강에도 큰 영향을 미친다. 실제로 남자의 기대 수명은 여자에 비해 짧은데, 여기에는 심장 질환, 사고사, 산업 재해, 흡연, 알코올 등 여러 가지 원인들이 복잡하게 작용하기는 하나 자살 또한 이에 기여하는 중요한 요인이다. 조금 특이한 점은, 일반적으로 남성은 여성에 비해 자살률이 약 2~3배가량 높은 반면, 자살과 가장 밀접한 관련이 있는 우울증의 유병률은 여성이 남성보다 두 배 정도 높게 나타난다는 것이다.

이처럼 상반되는 수치가 나타나는 데는 크게 두 가지 이유가 있다. 첫째는 남성이 자살을 시도할 때 여성에 비해 더 치명적인 수단을 사용하는 경향이 높기 때문이고(자살 시도 자체는 여성이 남성에 비해 훨씬 더 많다), 둘째는 남성의 우울증이 여성에 비해 덜 진단되는 경향이 있어서이다. 즉, 남성은 자신의 우울증에 대해 타인이나 전문가의 도움을 청하는 데 훨씬 더 인색하다. 사회가 부여하는 남성성에 대한 기준, 그리고 우울증을 겪는 남성에게 가해지는 사회적 낙인을 생각해 보면 사실 당연한 결과인지도 모른다. 그래서 남성은 마음에 문제가 생겨도 타인에게 의지하지 않고, 즉 도움을 청하지 않고 혼자서 문제를 해결하려 한다. 실제로 남성성과 자살 생각에 대한 연구에 따르면, 이와 같이 남성들의 '타인에게 의지하지 않으려는 경향성'이 자살 생각과 가장 밀접하게 관련되었다고 한다.

뉴욕대학교 병원에서 수련 마지막 해를 보낼 당시, 얼굴이 회색 수염으로 거의 덮여 있다시피 한 50대의 유대인 남성이 우리 클리닉으로 진료를 받으러 왔다. 처음 악수를 하는 순간, 나는 그의 강한 아귀힘에 먼저 놀랐다. 속으로는 '이 사람, 싸우자는 건가' 하는 생각이 들 정도였다. 손에 느껴지는 저림을 아무렇지 않은 척 감추며(아마 손이 빨개져서 다드러났을지도 모르겠다) 그와 함께 진료실로 걸어가는데, 큰 풍채에서 나오는 당당한 걸음걸이가 인상적이었다.

그는 유대인이 많은 어느 동네의 랍비라고 했다. 자신이 진행하는 교리 시간에는 늘 100명이 넘는 신도들이 참석한다며 자랑스럽게 이야기하는 그의 목소리에는 힘이 넘쳤고, 수백 명 앞에서 설교를 하며 단련되었는지 말은 청산유수 같았다.

홍미로운 것은 우리 클리닉이 '치료저항성 우울증treatment resistant depression(우울증 치료제에 반응하지 않고 지속되는 우울증)' 환자를 전문으로 보는 곳이었다는 사실이다. 그는 이미 여러 정신과 클리닉에 가본 적이 있지만 치료가 잘 되지 않아, 우리 클리닉으로 진료 의뢰가 되어 이곳까지 다다른 것이었다. 그가 가져온 타 병원의 진료 기록에는 기존에 여러 정신과 의사로부터 치료를 받았음에도 우울증에 차도가 없었다는 내용이 담겨 있었다. 하지만 겉보기로는 우울한 기색이 전혀 드러나지 않았다. 나는 그의 이야기에 한참 동안 귀를 기울이다가 드디어 직접적으로 질문을 건넸다.

"랍비님, 그런데 요즘 힘든 일은 없으세요?"

진료실이 잠시 침묵에 잠겼다. 그러고는 그가 갑자기 내 앞에서 흐느껴 울기 시작했다. 폭포수처럼 쏟아지는 그의 눈물은 풍성한 수염을 흠뻑 적셔갔다.

"저는 원래 태어나서 한 번도 맘 놓고 울어본 적이 없었는데, 이상하게 정신과 진료만 오면 터지는 눈물을 참을 수가 없더군요. 그래서 울지 않으려고, 공식 석상에서 더 스스로를 과대 포장하게 돼요."

그는 우는 것이 '남자답지 못하다'고 했다. 그리고 우울증 때문에 이렇게 변해버린 자신이 너무 부끄럽다고 덧붙였다. 힘든 마음을 끌어안고 그토록 고생해 왔음에도 그는 여전히 남자라면 감정을 숨겨야 한다는 압박에 시달리고 있는 것 같았다.

물론 감정을 안으로 삭이는 문화는 남성에게 더 강하게 나타날 뿐, 여성 또한 자유로울 수 없다. 1970~1980년대 인기를 끌었던 추억의 만화영화 〈들장미 소녀 캔디〉의 주제가가 '외로워도 슬퍼도 나는 안 울어. 참고 참고 또 참지, 울긴 왜 울어'로 시작하는 데서도 알 수 있다.

그럼에도 하나 희망적인 것은, 이제 남성과 여성 모두 자신의 감정에 대해 자유롭게 이야기할 수 있는 사회로 조금씩 변화해 가고 있다는 점이다. 마이클 펠프스와 드웨인 존슨 외에도 호주의 수영 영웅 이안 소프Ian Thorpe, US 오픈 테니스 챔피언 오사카 나오미Osaka Naomi, 프랑스 축구 국가대표팀의 레전드로 꼽히는 티에리 앙리Thierry Henry 등 수많은 유명 운동선수들이 자신의 우울증과 불안장애, 그리고 취약성에 대해 공개적으로 이야기하기 시작했다.

강인함을 공식적으로 인정받았다고도 할 수 있는 운동선수들의 우울증 고백은 우울증이 '약한 멘탈' 탓이라는 선입견에 대한 강력한 반증이 되어주기에 이들의 고백은 더욱 의미 있게 와닿는다. 이런 현상을 보며 강인함의 정의도 점차 변해가고 있음을 느낀다. 힘들어도 괜찮은 척하는 건 결코 강한 게 아니라고. 취약성과 강함은 본질적으로 다르지 않다. 본인의 취약성을 고백하기 위해서는 큰 용기가 필요하므로.

취약성을 나누는 경향성은 비단 운동선수에게만 한정되지 않고 미국 사회 전반에 확산되는 중이다. SNS를 중심으로 '취약성 챌린지The Vulnerability Challenge'가 유행하며 많은 이들이 자기가 과거에 했던 실수, 남에게 말하기 부끄러운 과거를 털어놓았다. 직장이나 학교도 취약성을 나누는 분위기로 점차 변해가는 중이다.

취약성을 드러내는 것은 '타인과의 연결'이라는 또 다른 큰 장점을 갖고 있다. 취약성은 우리 삶에서 진정으로 중요한 타인, 이를테면 가족, 연인, 가까운 친구들이 자신을 이해하는 데 도움을 주고, 믿을 수 있는 사람과 취약성을 나누는 경험은 관계의 친밀성도 강화시킬 수 있다. 취약함을 나누는 사람은 도전적인 상황에 처할 때에 자신감을 가지고 맞닥뜨릴 수 있는 힘이 생기며, 이와 같은 자신감은 향후 인생의 고비에 직면했을 때 회복탄력성resilience을 향상시킨다. 물론 무턱대고 취약성을 보이라고 말하고 싶지는 않다. 아직까지는 '취약성을 약점 잡지 않는 문화'가 정착하지는 않았으니 말이다.

그럼에도 내가 믿을 수 있는 소수의 사람들 앞에서 취약해지는 경험은 분명 우리의 삶에 도움이 될 수 있다. 일례로 〈토이 스토리〉, 〈인사이드 아웃〉 등 유명 애니메이션을 제작한 픽사스튜디오의 스토리 창작자 다섯 명은 2주에 한 번씩 정기적으로 만나서 서로 회사에서 있었던 힘들었던 일, 그중에서도 타인과 나누기 부끄러웠던 경험을 집중적으로 나누었다고 한다. 그리고 그와 같은 경험들을 통해 그들은 스스로에 대한 자기 의심을 떨치고, 자신감을 가지고 독립적인 스토리 창작자로 성장할 수 있었다. 그 중 한 명이 바로 픽사 최초의 여성 감독인 도미 시Domee Shi 감독이다. 시 감독은 격주로 진행된 취약성 미팅이 성공의 열쇠 중 하나라고 회고하기도 했다. 코로나바이러스가 뉴욕을 덮쳤을 때 의료진들의 회복탄력성과 정신 건강에 가장 큰 도움이 된 것 또한 의료진들끼리 모여 취약성을 나눈 경험이었다.

취약성을 드러내는 것은 자기 자신을 있는 모습 그대로 수용할 수 있도록 도와준다. 완벽해야 한다는 사회적 압박에서 벗어나, 있는 그대로의 내 모습을 받아들이는 자기 치유의 과정이 바로 취약해지는 경험이다. 나 또한 내 자신의 심리적 어려움을 고백하는 집필 과정을 통해 치유되는 느낌을 받았다.

'너만 힘드냐? 나도 힘들어 죽겠다'에서 '나만 힘든 줄 알았는데 너도 많이 힘들었구나'로 넘어가기 위해서 가장 먼저 필요한 것은 사실 취약성을 나누는 문화일지도 모른다. 나의 힘듦을, 아픔을 우선 털어놓을 수 있어야 상대방에게도 비로소 공감의 기회가 생기므로. 방어막을 내리는 순간 우리는 연결된다. 결국 취약성이야말로 스스로에게, 그리고 타인에게 공감할 수 있게 만드는 열쇠이자 우리가 '컴패

선'의 단계까지 나아가는 단초가 되리라고 나는 믿는다.

진료실에서 만났던 랍비는 자신이 이렇게 약한 사람인 줄 몰랐다며, 그 때문에 자존감이 한없이 떨어졌다고 털어놓았다. 눈물을 흘리며 솔직하게 취약성을 보여준 그에게 나는 티슈를 건네며 말했다.

"랍비님, 우울증은 당신이 약하다는 증거가 아니라 너무 오랜 기간 동안 강하려고만 애써왔기 때문일 수도 있어요."

○

잘못을
받아들이는 태도

2023년 12월, 한창 연말 분위기에 들떠 있을 때 한국에서 들려온 비보가 있었다. 바로 배우 이선균 씨의 죽음이었다. 이선균이라는 배우를 처음 알게 된 것은 내가 의학전문대학원을 준비하던 시절에 즐겨보던 〈하얀 거탑〉이라는 드라마 덕분이었다. 권력을 위해 타인의 희생도 불사하는 외과 의사 장준혁을 연기하는 배우 김명민 씨의 카리스마 넘치는 연기도 충분히 매력적이었지만, 환자만 바라보는, 어쩌면 만화에나 나올 법한 순수한 의사 최도영을 연기하는 이선균 씨의 모습 또한 무척 인상적이었다. '내가 언젠가 의사가 된다면 최도영에 가까운 사람이 되고 싶다'는 생각이 들 정도로. 아직 의대에 발조차 들여놓지 못한 풋내기 수험생이었던 나에게 그의 연기는 큰 동기 부여를 해주었다. 그 이후로 많은 사람이 알고 있듯이 이선균 씨는 수많은 드라마와 영화에서 큰 성공을 거두며 전 국민의 사랑을 받는 배우가 되었다. 그랬던 그가 세상을 떠나기 불과 몇 달 전, 순식간에 사회적으로 매장되는 수준의 수치심을 겪었던 일련의 과정이 떠올라 그의 죽음이 더 마음 아팠다. 같은 해 가을, 먼저 세상을 떠난 매튜 페리Matthew Perry의 죽음이 문득 겹쳐졌다. 미국 드라마 〈프렌즈〉의 챈들러 역으로 널리 알려진 배우다.

매튜 페리의 심한 알코올 중독과 아편계 진통제 중독은 세상에 진작부터 널리 알려져 있는 사실이었다. 그래서 매튜 페리가 세상을 떠난 지 얼마 되지 않아, 나는 SNS에 연달아 글을 몇 편 썼다. 미국을 덮친 오피오이드 위기(1990년대 후반, 퍼듀Purdue라는 제약회사가 개발하고 적극 홍보한 아편계 진통제 옥시콘틴Oxycontin으로 인해 시작되어 현재까지 진행 중인, 수많은 중독자와 약물 과복용 사망을 촉발한 아편계 진통제 남용 문제)의 심각성을 알리고 마약 문제가 점점 수면 위로 떠오르는 한국 사회에도 경각심을 불러일으킬 만한 글들이었다. 그 글들은 제법 많이 공유되었고, 기사화되기도 하는 등 적잖은 관심을 받았다.

그러나 글을 쓰는 동안, 또 그러한 나의 글이 화제가 되는 모습을 보며 나는 사실 커다란 내적 갈등에 시달리고 있었다. 이유는 간단했다. 매튜 페리가 그저 갑작스러운 죽음 때문에 마약 중독의 위험에 대한 경각심을 일깨워주는 배우로만 기억되는 건 싫어서였다. 나는 그가 사람들의 기억 속에 '용기 있는 사람'으로 남길 바란다. 매튜 페리의 중독 문제가 예전부터 공공연히 알려진 이유는 다름 아닌 그의 용기 있는 선택 덕분이었기 때문이다.

매튜 페리는 세상을 떠나기 한 해 전인 2022년, 회고록을 통해 자신의 심각했던 중독 문제에 대해 누구보다도 솔직하게, 그리고 자세하게 고백했다. 평범한 사람의 생각으로는 의아할 수도 있는 선택이었다. 매튜 페리 정도의 인기와 명성을 얻은 사람이라면 자신이 가장 많이 사랑받았던 젊은 시절, 가장 화려하고 멋진 전성기 때의 모습으로 기억되길 원하지 않을까. 아니면 〈프렌즈〉 속 매력적인 캐릭터 챈들러로 영원히 남길 바란다 해도 이상하지 않을 것이다.

그런데 페리는 스스로 가장 밑바닥까지 떨어졌던 순간들에 대해서 솔직히 고백하는 길을 택했다. 자신을 아름답고 완벽하게 포장하기보다는 스스로의 취약성을 알리고 나눔으로써 그와 비슷하게 중독 문제를 겪는 이들에게 희망의 메시지를 주고자 한 것이다. 반짝이는 스타로 남는 대신 그가 선택한 것은 '당신은 혼자가 아니며, 함께 손을 잡는다면 중독에서 빠져나올 수 있다'는 용기와 희망의 메시지였다. 그래서 나는 매튜 페리가 그 누구보다도 솔직하고 용기 있는 사람이었다고 생각한다. 그런 그가 단순히 '중독 문제 때문에 죽은 사람'으로 기억되진 않길 바랐다.

매튜 페리는 회고록을 통해 자신을 '대책 없는 나르시시스트'라고 표현했으나, 실은 타인에게 공감하고 더 나아가 그들을 도울 줄 아는 사람이었다. 그는 생전에 이런 인터뷰를 한 적이 있다.

"저는 제가 죽은 후에 〈프렌즈〉가 가장 먼저 언급되기를 바라지 않아요. 누군가 제게 다가와서 '나 술을 못 끊겠어. 나 좀 도와줄 수 있어?' 하며 도움을 청하면 망설임 없이 '물론이지'라고 답하고 그 사람을 도와줄 거예요. 제가 죽었을 때 다른 무엇보다 그런 제 모습이 가장 먼저 언급되면 좋겠어요. 그리고 남은 제 삶 동안 이 다짐을 실천하면서 살 거예요."

실제로 페리는 중독 문제를 겪는 동료 배우들을 자조 모임(중독 문제를 가진 사람들끼리 서로 중독을 극복하기 위해 지지해 주는 모임)으로 이끄는 동반자였으며, 중독 문제로 힘들어하는 다양한 사람들을 돕기 위해 자신의 저택을 재활 시설로 공유하기도 했다. "중독이라는 괴물은 혼자서는 이길 수 없지만, 함께 힘을 모으면 이길 수 있다"라는 말은 그가 인터뷰마다 입버릇처럼 하는 말이었다.

한국이든 미국이든 중독, 특히 마약 중독에 대한 사회적 낙인은 여전히 존재한다. 한국에서 마약으로 논란이 된 연예인들의 경우와 다를 바 없이, 미국에서도 음주나 마약 문제가 적발되면 사람들은 사회적으로 큰 수치심을 느낀다.

물론 이것이 나쁘다는 뜻은 아니다. 만약 인간이 수치심을 전혀 느끼지 못한다면 한 사회의 법적 질서라든가 도덕규범은 지켜질 수 없을 것이므로, 적정한 수준의 수치심은 건강한 사회가 유지되기 위해 꼭 필요하다. 다만 나는 우리가 '어떤' 수치심을 선택해야 할지에 대해서는 한 번쯤 숙고해보았으면 좋겠다.

스탠퍼드대학교의 중독 정신과 전문의 애나 렘키Anna Lembke 교수는 저서 『도파민네이션』에서 수치심을 '파괴적 수치심destructive shame'과 '친사회적 수치심prosocial shame'으로 구분해 설명한다. 파괴적 수치심이란 누군가의 잘못된 행동에 대해 그 사람을 비난하고, 나아가 사회에서 그 사람을 몰아내는 것이다. 반면에 친사회적 수치심은 그 사람의 잘못된 행동을 비판하되, '다시 사회로 돌아올 기회'를 주는 데 초점을 맞춘다. '죄는 미워하되 사람은 미워하지 말라'는 우리 속담 속 지혜와도 일맥상통한다. 파괴적 수치심보다는 친사회적 수치심을 선택하는 것이 궁극적으로는 우리 사회가 더 나은 방향으로 나아가는 길이 아닐까.

수치심을 주어선 안 된다는 뜻이 아니다. 가령 마약 중독의 예를 들면, 불법 마약을 사용한 사람이 아무런 사회적 제재나 처벌 없이 순전히 치료 대상으로만 여겨진다면 그 사회의 마약 문제는 점점 악화될 가능성이 있다. 마약 중독 환자에게 법적 책임을 묻고, 그 사람의 행동에 대해 어느 정도의 수치심을 가하는 일은 당연히 필요하다. 문제는 법에 따라 처벌을 받은 이후다. 마약 중독 환자들에게 파괴적 수치심을 부여해 사회에서 몰아내면 그들은 사회에서 설 자리를 잃는다. 결국 음지에서 더욱더 철저히 마약에 기댄 채 살아가게 될 것이고, 사회 전반의 마약 중독은 심각해질 수밖에 없다. 이와 달리 친사회적 수치심은 그들에게 치료와 재활을 통해 다시 사회로 돌아올 기회를 준다. 나는 우리 사회의 개인에 대한 비판이, '잘못한 사람을 사회에서 축출하는 것'이 아니라 '잘못된 행동을 다시는 못 하게 하는 것'을 목표로 하면 좋겠다.

우리는 타인의 실수나 잘못에 앞다투어 파괴적 수치심을 부여하곤 한다. 그러나 사람은 누구나 살면서 실수를 한다. 그 사실을 다들 모르지 않을 텐데, 타인에게 가하는 무차별적인 비난과 조롱을 보고 있노라면 우리는 어쩌면 '사람은 완벽해야 한다'는 전제 위에 위태롭게 서 있는 것처럼 보인다. 매튜 페리의 죽음을 기리는 《뉴욕타임스》의 칼럼도 "우리는 누군가의 실수를 도덕적인 실패로 여긴다"라며 이를 지적하고 있었다. 그 숨 막히는 전제를 내려놓는다면 스스로의 취약성을 솔직하게 털어놓고, 또 타인이 털어놓는 취약성도 관대하게 받아들일 수 있지 않을까. 그래서 나는 취약성에 대한 대화를 시작해 나 자신을, 더 나아가 '타인을 용서하는 것'의 힘에 관해 생각해 보았으면 좋겠다.

2024년 3월, 아카데미 시상식에서 영화 〈아이언맨〉으로 잘 알려진 할리우드의 배우 로버트 다우니 주니어Robert Downey Jr.가 처음으로 남우조연상을 수상했다. 그가 처음 아카데미상 후보로 지명되었던 1993년 이후 30여 년 만이다. 그의 수상은 내게 유독 특별하게 다가왔다. 다우니 주니어가 바로 젊은 시절 극심한 마약 중독에 시달렸다가 훌륭히 사회로 돌아온 사례이기 때문이다. 그는 1990년대와 2000년대에 이르기까지 마약 중독 때문에 수없이 체포·구금을 당했으며 자주 구설수에 오르곤 했다. 하지만 재발과 재활을 반복적으로 경험한 끝에 마침내 〈아이언맨〉이라는 영화로 재기할 수 있었다. 이 과거를 떠올렸는지, 그는 "나의 끔찍했던 어린 시절에 감사한다"는 수상 소감을 남겼다. 만약 미국 사회가 파괴적 수치심을 부여했다면 그는 영영 재기할 수 없었을 것이고, 관객들 또한 아카데미상을 탈 정도로 훌륭한 다우니 주니어의 연기를, 그의 '아이언맨'을 만나지 못했을지도 모른다.

앞에서도 말했듯 나는 〈세바시〉에서 '약한 모습을 보일 용기가 필요하다'는 주제로 강연한 적이 있다. 강연에는 긍정적인 반응도 많았지만 '우리 사회는 약한 모습을 보이면 도리어 약점을 잡는다'는 부정적인 반응 또한 못지않게 있었다. 이는 한국 사회에서 자란 나의 경험과도 일치하는 것이었기에 충분히 공감이 갔다. 그런 피드백들은 그토록 괴로워하면서도 입술을 깨물고, 애써 아무렇지 않은 척하던 20대의 내 모습과 겹쳐 보였다.

그때의 나 같은 경험을 하는 사람이 더 생기지 않으려면 이제는 우리 사회도 달라져야 하지 않을까. 다른 이의 솔직함과 취약성을 약점으로 잡고 비난하기보다는, 그 취약성과 아픔을 보듬는 사회로 나아가면 좋겠다. 페리와 다우니 주니어의 치유가 자기 자신을 용서한 데서 시작되었듯, 우리 사회의 치유도 스스로에 대한 관대함에서부터 출발할 수 있을 것이다.

그리고 여기서 더 나아가면 타인에게 관대해지는 일도 좀 더 쉬워지리라 믿는다. 누군가를 용서하는 것은 분명 쉽지만은 않은 일이다. 그렇기에 단순히 이타심만으로 이를 강요할 수는 없다. 하지만 조금 시각을 달리 접근하면, 누군가를 용서하는 행위는 곧 나에게도 좋은 일이 된다. 많은 연구 결과가 '타인을 용서하는 행위'는 우울, 불안, 공격성, 중독의 위험성을 줄이고 더 높은 자존감과 삶의 만족감을 가져오는 데 연관이 있음을 보고한 바 있다. 누군가를 용서하면 사회가 치유될 뿐 아니라 나 자신도 치유가 되는데, 이를 거부할 이유가 있을까.

우리는 살면서 자주 잘못을 저지르고 실수를 범한다. 그러면서 나아간다. 완벽한 사람은 없다. 매튜 페리도, 로버트 다우니 주니어도 그리고 우리도 모두 불완전하다. 종종 잊어버리게 되는 이 당연한 사실을, 매튜 페리는 우리에게 전하기 위해 애썼다. 가장 어두웠던 순간에도 사람들에게 웃음과 빛을 주었던 그의 용기 있는 모습이 나는 많이 그리울 것 같다. 그의 죽음을 기리는《뉴욕타임스》의 칼럼 속 이 문장을 오래도록 새기려 한다.

"우리는 오늘도, 내일도 실수를 반복하겠지만, 용서는 우리를 덜 가혹하고 더욱 숭고한 존재로 만들어준다."

○

내 마음에
귀 기울일 수 있다면

인기 예능 프로그램인 〈유퀴즈〉에서 섭외가 처음 들어왔을 때, 반가우면서도 한편으로는 부담이 되었다. 유명 프로그램인 것은 잘 알았지만 출연 전까지는 한 번도 방송을 제대로 본 적이 없었고, 내 성격상 예능 프로그램에 잘 어우러질 수 있을까 하는 생각에 내심 걱정도 되었다. 그래서 부담감을 달래고자 녹화 전, 지금까지의 에피소드를 담은 유튜브 영상을 여러 편 보았다. 수십만이 넘는 조회 수를 보며 '와, 내가 나온 방송은 조회 수가 10만 회라도 넘으면 좋겠다'고 생각했다. 내 촬영분이 나오기 몇 주 전에 방송된 서울대학

교 정신건강의학과 김붕년 교수님이 출연하신 편을 보면서
는 재미와 감동을 다 잡으셨구나 싶어 감탄하기도 했다. '아
이는 잠시 부모에게 왔다가는 손님'이라는 말씀은 아버지
로서 나의 마음 또한 먹먹하게 만들었다. 그러는 동시에 '정
신과 의사가 이렇게 연달아 나와도 시청자들이 관심을 가
져주려나? 지겨워하는 건 아닐까?'라는 우려가 슬쩍 고개를
들었던 것도 사실이다. 내 걱정을 더 부채질하듯 김붕년 교
수님이 출연한 영상의 유튜브 조회 수는 며칠 만에 수십만
회를 훌쩍 넘겼고, 나는 그저 여전히 '소수라도 내가 나온
방송을 봐주었으면' 하는 간절한 바람뿐이었다.

사실 〈유퀴즈〉 출연은 나에게는 큰 도전이었다. 출연 자
체에 대한 부담감은 차치하더라도 가족과 일을 뒤로하고
14시간 비행기를 타고 가, 한국에서 고작 이틀 밤만을 머무
르는 빡빡한 일정이었다. 심지어 돌아오는 비행기 편은 직
항 티켓을 구할 수 없어서, 경유지를 거쳐 18시간 이상 비
행기를 타고 돌아와야만 했다. 무엇보다 '자살'이라는, 한국
사회에서 여전히 민감하게 반응하고 터부시되는 주제를 온
국민이 주목하는 예능 프로그램에서 이야기한다는 것이 무

척 조심스러웠다. 혹여나 정신적 어려움을 겪고 있는 시청자에게 더 힘든 시간이 되는 것은 아닐까, 내 말이 어쩌면 상처를 주진 않을까 한마디 한마디 끊임없이 자기 검열을 하며 내뱉어야 했다. 내게는 보이는 것보다 훨씬 힘든 작업이었다.

어떤 분은 방송을 보고 '말을 꾹꾹 눌러가며 한다'는 평을 해주시기도 했는데, 이는 매우 정확한 표현이다. 나는 내 말이 혹시나 불러일으킬 수 있는 최악의 경우를 생각하며 말해야만 했기 때문이다. 그렇지만 이처럼 지난한 작업을 기꺼이 감수해서라도 나는 자살로 세상을 떠난 사람들에 대한 우리 사회의 '사회적 책임'에 대해 꼭 이야기를 꺼내고 싶었다.

내가 출연한 부분은 미국 시간으로 새벽에 방영되었다. 아침에 눈을 뜨니 '방송이 너무 좋았고, 감명 깊게 봤다는 피드백을 많이 들었다'는 지인의 문자가 기다리고 있었다. 분량은 예상보다 짧았지만 전체적으로 '내가 담고 싶은 이야기들을 다 담아주었구나' 싶어 감사한 마음이었다. 한없이 가라앉을 수도 있는 이야기들을 너무 무겁지도, 또 그렇다고 마냥 가볍지도 않게 중심을 잘 잡은 편집이었다.

그리고 얼마 지나지 않아 놀라운 일이 벌어졌다. 내가 나온 에피소드를 편집한 유튜브 영상 여러 개가 방송 후 수백만이 넘는 조회 수를 기록한 것이다. 처음에는 그저 신기하기만 했다. '이렇게나 많은 사람이 내가 나온 방송을 봐주다니……' 하고 말이다. 하지만 단순히 조회 수가 높다는 사실보다도 기쁜 것은 시청자들의 반응이었다. 유튜브 댓글을 한 글자 한 글자 귀중히 눈에 담았다. 동영상을 보고 위로를 받았다는 댓글도, 또 다시 살아갈 마음이 생겼다는 과분한 댓글도 있었다. 그런 내용을 담은 이메일 역시 수도 없이 받았다. 한 학생은 '영상을 본 후 죽고 싶어 했던 과거 어린 시절의 소녀가 많은 위로를 받았습니다'라는 내용의 감사한 이메일을 보내오기도 했다. 이런 반응 덕분에 나는 지금도, 무리해서라도 방송에 나간 것이 잘한 결정이었다는 생각을 한다.

하지만 시간이 지나도 지속적으로 늘어나는 조회 수와 댓글을 보며 조금 의아스러웠다. 대부분의 다른 영상들은 초반에는 높은 조회 수를 기록하더라도 시간이 지나면 조회 수가 크게 늘지 않기 때문이다. '우울하거나 죽고 싶을 때마다 동영상을 돌려보며 힘을 냈다'는 후기를 통해, 적지 않은 사람들이 내가 나온 방송을 반복해서 본다는 것을 그제야 알게 되었다. 신기해하는 나에게 한국의 지인들은 실제로 많은 사람이 힘들 때마다 정신과 의사, 심리학자들이 출연하는 정신 건강 콘텐츠들을 반복해서 시청한다는 말을 전해주었다. 그때에서야 비로소 '아, 정말로 이렇게나 많은 이들이 정신적으로 힘들어하고 있구나' 하고 깨달을 수 있었다.

이를 인지하고 주변을 둘러보자 가히 '정신과 의사 전성 시대'라는 생각이 들었다. 오래 전부터 활발하게 방송 활동을 해온 오은영 박사는 말할 것도 없고, 그 밖에도 수많은 정신과 의사들이 유튜브에서, 방송에서 많은 관심을 받고 있었다. 서점가에서도 정신과 전문의와 심리학자들의 책이 베스트셀러에 올라와 있는 걸 확인할 수 있었다.

하지만 단순히 사람들이 정신적으로 힘들다는 것만으로 이 현상을 설명하기는 어려웠다. 추측 끝에 내가 다다른 결론은, 사람들이 많이 힘들어하고 있음은 물론이며 예전보다는 나아졌다 해도 정신과 진료라든가 심리 치료, 상담의 문턱이 여전히 높다는 것이었다. 과거의 나처럼 그 문턱을 넘지 못한 사람들이 실질적인 상담이나 치료가 필요함에도 동영상이나 책을 통해 '대리 위로'를 구하고 있는 건 아닐까 하는 생각이 들었다. 내 해석이 틀리길 바라지만, 혹시라도 그런 분이 있다면 꼭 정신 건강 서비스 전문가를 찾아가라고 말하고 싶다.

  흔히 우울증을 '마음의 감기'라고 표현한다. 그만큼 우울증이 흔하다는 은유적 표현임을 알지만, 오해를 불러일으킬 여지가 있다는 점에서 나는 이 표현이 다소 마음에 걸린다. 감기는 가만히 두어도 낫지만 우울증은 그렇지 않기 때문이다. 우울증, 특히 중증 이상의 우울증은 감기보다는 몸 어딘가의 뼈가 부러진 것과 유사하다. 팔이 부러졌을 때 정형외과 의사의 유튜브를 아무리 돌려봐도 팔이 다시 붙길 기대할 수 없듯이 정신 질환도 마찬가지다. 우울증이나 불안장애가 의심되면 최대한 빨리 진단을 받고 치료를 받는

게 좋다. 한국에서는 'MBTI'가 선풍적인 인기를 끌고 있는데, 사실 이보다 더 시급한 것은 자신의 우울증과 불안 증상을 자가 진단해 본 후 필요할 경우 실질적인 치료를 받는 것이다. 우울증과 불안장애 모두 심리 상담과 약물 치료로 적절한 도움을 받을 수 있다.

신체 질병은 빨리 치료할수록 잘 낫고, 오래 내버려둘수록 증상이 심각해지며 치료가 잘 안 된다. 이는 모두들 인지하고 있을 것이다. 암을 치료하지 않고 놔두면 전이가 일어나고 예후가 안 좋아지며, 당뇨 환자 역시 치료가 지체되면 심한 경우 손가락과 발가락을 잃을 수도 있다. 정신 질환도 이로부터 자유로울 수 없다. 우울증을 그냥 놔두면 그 사람의 생명이 위험해질 수도 있다. 바로 그런 이유로 나는 마음이 아픈 사람들이 하루라도 빨리 치료를 받길 독려한다. 어찌 보면 지극히 당연한 사실인데, 이를 실천하는 게 정신 질환에 대해서는 유독 힘들다. 충분히 이해한다. 나도 그랬으니까. 정신 질환과 정신 건강 서비스를 받는 것에 대한 낙인이 존재하는 한, 치료를 주저하는 이들이 사라지기는 쉽지 않을 것이다.

미국에서는 정신 건강 서비스에 대한 낙인이 내가 처음 미국에 건너온 10년쯤 전에 비해 체감이 될 정도로 많이 감소했다. 이제는 많은 사람이 심리 상담을 꼭 '문제를 해결하기 위한 수단'이라기보다는 '자기 관리'의 측면으로 바라본다. 정신 건강 전문가들을 넘어 대중에게도 이 인식이 널리 퍼지고 있다는 점을 잘 보여주는 것이 바로 연애 시장에서의 변화다.

힌지Hinge라는 유명 데이트 앱에서 진행한 설문조사에서 '이성 교제 상대로 심리 상담을 받는 사람을 그렇지 않은 사람보다 선호한다'고 답한 비율은 90%를 넘었고, 오케이 큐피드OkCupid라는 또 다른 데이트 앱에서는 2022년, 심리 상담을 받는 중임을 프로필에 밝힌 사람들의 비율이 전해에 비해 20% 이상 증가했다고 한다. 또한 매칭이 이뤄지기 전에 실시하는 설문에서 '심리 상담이 사람들에게 긍정적이거나 필요하다고 생각하나요?'라는 질문에 '그렇다'고 답한 남자들은 '그렇지 않다'고 답한 남자들에 비해 '좋아요'를 거의 두 배 가까이 받았으며 매칭될 확률도 1.5배나 높았다고 한다. 오죽하면 남성들이 상대방에게 호감을 사기 위해 심리 상담을 받고 있다고 일부러 속이는 경향이 있다는 기사가 나오기도 했을까.

우리가 몸의 근육을 키우기 위해서 개인 트레이닝을 받듯이, 심리 상담 또한 마음의 근육과 면역력을 키우기 위해 받는 것이며 마음도 자기 관리가 필요한 영역이라고 받아들여지기 시작했다고 생각하면 이해하기 쉽다. 피부 관리를 위해 정기적으로 피부과에 가고, 치아 관리를 위해 주기적으로 치과에 가듯이 우리 정신 건강을 위해서도 일상적으로 정기적인 상담이나 정신과 진료를 받는 것이다. 우리 마음 또한 피부나 치아만큼 소중히 관리받을 자격이 있으므로.

한국에서도 젊은 세대를 주축으로 정신 건강에 대해 공개적으로 이야기하고 정신 건강 서비스를 받는 것에 대한 낙인이 많이 줄었다고 들었다. 여기에는 정신 질환을 경험한 당사자들, 가족들, 활동가들 그리고 정신 건강 전문가들의 노력이 컸을 것이다. 그만큼 지금 남아 있는 낙인 역시 시간이 지날수록 조금씩 사라지리라 믿는다. 지금 생각하면 믿을 수 없겠지만, 암 또한 과거에는 낙인이 있었다고 한다. 그래서 미국에서는 암Cancer을 'C로 시작하는 단어C word'라고 우회해서 부르곤 했으며, 사람들은 암을 진단받고 치료받는다는 걸 숨겼다. 2024년 기준으로는 믿기 힘든 일이지만 그렇게 우리는 조금씩 조금씩 전진해 왔다. 이와 마찬가지로 10년쯤 지난 2030년대의 어느 날에는, 내 책이나 유튜브 동영상에서 이야기하는 것들이 '아니, 이런 때가 있었어?' 하며 마치 한물간 이야기처럼 여겨지는 날이 오기를 바라본다.

"제가 정의하는 '연결'은 에너지예요.

누군가가 나를 진심으로 봐주고, 들어주고,

가치 있게 여긴다고 느낄 때,

두 사람이 서로에 대해 아무런 가치 판단 없이

무언가를 주고받을 수 있을 때,

그리고 그들이 그 관계로부터 위안과 힘을 얻을 때.

바로 그럴 때 두 사람 사이에 존재하는 에너지요."

- 브레네 브라운Brene Brown

4장

'지금 이 순간'을
살기 위하여

최인철, 이지선 교수님과 함께한 토크 콘서트에서 내 삶을 지탱해 주는 세 가지를 꼽아달라는 질문을 받았다. 나는 가족, 건강 그리고 애도를 꼽았다. 그 애도의 대상 중 한 사람이 바로 내 20대의 가장 많은 시간을 함께한 친구, 희수다.

"나는 이제 호스피스 들어왔는데, 여기도 전쟁이네. 잘 가라. 내 몫까지 행복해라."

9년 전 미국으로 떠나던 공항에서 희수는 휴대폰 너머 메신저로 나에게 그렇게 작별 인사를 건넸다. 그리고 미국에 처음 발을 내디딘 지 2주 만에, 공교롭게도 내가 세상에 태어난 날 그는 세상을 떠났다. 생일날 전해 들었던 비보는 자기를 잊지 말아달라는 희수의 마지막 부탁처럼 느껴졌다. 기쁨으로 가득했던 우리 젊은 날의 추억들은 순식간에 빛바랜 기억이 되었고, 가장 행복했던 기억을 떠올리는 것조차 희수의 빈자리를 확인시키는 슬픈 의식처럼 느껴졌다. 그가 떠난 이후로 내 20대의 많은 기억에 슬픔이 드리웠다. 희수를 잃은 후 내 생일은 희수의 기일이 되었다. 지금도 내 생일은 기쁨과 그리움이 공존하는 날이다. 그리고 미국에 오자마자 전해 들은 희수의 죽음은, 내 삶의 가치관이 바뀌는 큰 전환점이 되어주었다.

"형이 뭐냐, 그냥 희수라고 불러."

처음 만난 대학교 신입생 환영회에서 나보다 나이가 한 살 많은 희수를 '형'이라 부르자 그가 나에게 건넨 첫마디였다. 처음에 그와 어떻게 가까워졌는지 그 계기는 이제 기억 속에서 희미해졌다. 하나 확실히 기억나는 건, 우리가 서로를 참 많이도 아끼고 좋아했다는 사실이다.

희수는 나에게 '휴식 같은 친구'였다. 학교 앞 녹두거리에서 자취를 하던 그의 방에서 20대의 셀 수 없이 많은 밤들을 보냈다. 하루가 멀다시피 술자리가 있었던 새내기 시절부터 복학생 시절, 그리고 학부를 졸업하고 뒤늦게 의학전문대학원에 다닐 때까지. 마음이 힘들 때 내가 가장 많이 찾아갔던 곳은 바로 희수의 자취방이었다. 의과대학 시절, 마음이 힘들다는 이야기를 조금이나마 꺼낼 수 있었던 유일한 친구가 바로 희수였다. 그렇게 그의 집에서 밤새 이야기를 나누고 나면 힘든 마음은 조금이나마 가라앉곤 했다.

희수는 누구보다 사회에 관심이 많은 정치학도이기도 했다. 늘 우리 사회가 어떻게 하면 더 나아질 수 있을지 깊이 고민하던 그는 '희망이 사라진 시대에 우리가 희망이기 위하여'라는 말을 새내기 때부터 늘 입버릇처럼 말하곤 했다. 20년이 넘게 지난 지금도 나는 지칠 때면 가끔 이 말을 되뇌인다. 그러면 놀랍게도 어린 시절의 희수가 곁에 있는 듯 느껴져, 내가 앞으로 나아갈 수 있는 원동력이 되어준다.

그는 불꽃같은 친구였다. 어떤 일에 매진하면 완전히 소진될 때까지 자기 자신을 태우곤 했다. 그렇게 자신을 태워가면서도 주변의 사람들을 따뜻하게 해주고 싶어 했던 속 깊은 친구였다. 어쩌면 그 옆의 온기가 그리워서 나는 그토록 희수의 곁을 찾아갔는지도 모르겠다.

그렇게 남을 위해 늘 스스로를 태웠던 탓일까. 갓 서른이 된 그의 몸에서 커다란 암 덩어리가 발견되었다. 희수가 암을 진단받던 날, 진료를 받고 걸어 나온 그에게 나는 차마 해줄 말을 찾지 못하고 바닥만 쳐다볼 수밖에 없었다. 10년이 지나도 그때의 일은 여전히 어제처럼 생생하다.

애도에 관한 흔한 오해 중 하나가, 애도는 일시적인 '여행'과 같을 것이라는 생각이다. 훌쩍 떠났다가 일정 시간이 지나 감정이 가라앉고 생각이 정리되면 그 후에 다시 애도를 하기 전의 자리로 돌아와서 아무렇지 않은 듯 다시 일상생활을 할 수 있을 거라고, 마치 여행과도 같은 과정이라 여긴다. 하지만 고인과의 이별이 영원하듯 애도 또한 실은 영원한 과정이다. 그렇기에 애도란 여행보다는 '여정'에 가깝다. 나도 여전히 희수를 잃고 애도하는 과정에 있고, 아마 평생 그를 애도하며 살 것이다. 애도의 모습은 매 순간 다르겠지만 나는 그를 평생 기억하고 싶다.

떠난 지 10년 가까이 지난 지금도 희수는 가끔 내 꿈에 나타난다. 얼마 전에는 운전을 하다가 불현듯 어린 시절 우리의 추억들이 떠올라 마음이 저렸다. 그렇게 문득 희수가 떠오른 날에는 달리던 차를 잠시 멈춰 세우고 가슴을 진정시켜야만 한다.

한때 애도 연구가들은 애도가 '부정-분노-협상-우울-수용'으로 이어지는 순차적 과정이라 믿었다. 이 이론은 여전히 어느 정도는 유효하지만, 이후 이루어진 많은 연구가 애도의 단계는 선형적이지 않으며 사람마다 다르다는 사실을 보고했다. 실제로 경험해 본 사람들은 동의하겠지만 애도는 파도와 비슷하다. '수용' 단계에 충분히 이른 요즈음은 대부분 잔잔하지만, 또 어떤 날에는 아무 예고 없이 슬픔이란 거센 물결이 엄습하기도 한다.

애도의 다섯 단계에 대해서는 대중들에게도 많이 알려져 있지만, 이 뒤에는 사실 여섯 번째 단계가 존재한다. 바로 '의미meaning'다. 사람들은 사랑하는 사람을 잃은 후 애도를 경험할 때 수용을 넘어서 더 큰 '의미'를 찾고 싶어 한다. 나 역시 희수가 떠난 후에 인생의 가장 큰 깨달음을 얻었다.

희수의 죽음이 서른의 나에게 가르쳐준 것은 무엇이었을

까. 그것은 우리 앞의 생이 유한하며 그렇기에 '지금, 이 순간'이 중요하다는, 어쩌면 아주 당연한 교훈이다. 어린 시절 영화 〈죽은 시인의 사회〉를 그토록 감명 깊게 보았음에도 영화 속에서 귀에 못이 박히도록 말하던 '카르페 디엠Carpe diem(오늘을 즐기라 혹은 오늘을 집중하라는 뜻의 라틴어)'을 체화하기란 영 쉽지 않았다. 하지만 희수의 갑작스런 죽음은 선뜻 와닿지 않던 그 당연한 진리를 아프게 확인시켜 주었다.

　나의 20대 후반을 괴롭혔던 지긋지긋한 불안에는 여러 가지 원인이 있었겠지만, 무엇보다 내 마음이 먼 미래를 향한 탓이 컸다. 희수를 보낸 이후로는 가끔 내 마음이 먼 미래에 사로잡혀 방황할 때면 자연스럽게 그의 얼굴도 함께 떠오른다. 그러면 이내 '지금, 여기'에 더 집중할 수 있게 된다. 이와 함께 자기 몫까지 행복하라고 했던 희수의 당부는 그를 잃은 후의 새로운 세상, 동시에 미국이라는 새로운 세계를 버텨나갈 수 있는 힘이 되어주었다. 그렇게 나의 미국 생활은 희수에 대한 애도의 여정과 함께 시작되었다.

○

"선생님은
왜 사세요?"

나는 처음을 잊지 않으려고 노력하는 편이다. 부모님께서
는 늘 나에게 '작은 것에도 감사하라', 그리고 '감사의 마음
을 꼭 표현하라'는 말로 가르침을 주셨다. 마흔이 넘은 지
금, 그 가르침과 더불어 중요하다 느끼게 된 것은 순간에 감
사함을 넘어 '시간이 지나도 감사했던 마음을 잊지 않아야
한다는 것'이다.

　첫 책을 내고 무명작가의 서러움을 절실히 느꼈다. 한 신
문사에서 책과 관련된 인터뷰를 요청해, 이미 다른 언론과
의 인터뷰가 하나 잡혀 있으니 그걸 먼저 한 후에 일정을 잡

고 싶다고 부탁한 적이 있다. 신생 출판사에서 책을 낸 신인 작가 입장에서는 홍보할 만한 창구 하나하나가 소중한 시간이었고, 두 인터뷰 모두 놓치고 싶지 않았기에 조심스레 양해를 구했다. 하지만 내 요청은 철저하게 거절당했다.

결과적으로 유일하게 인터뷰가 성사된 조선일보 김지수 기자의 '김지수의 인터스텔라'에서 얻은 반향 덕분에 다른 방송 프로그램에도 초대를 받을 수 있었다. 처음으로 집필이란 걸 해본 신인 작가의 책을 관심 있게 읽어주고, 세상에 알릴 기회를 준 모든 분에게 나는 지금도 그때의 감사함을 계속 간직하고 있다.

그리고 책을 낸 지 얼마 되지 않아 서촌에 위치한 '일일호일'이라는 작지만 소신 있는 책방에서 내 책을 홍보해 준 적이 있다. 아마 서점 SNS의 홍보는 처음이었던 걸로 기억한다. 그래서 언젠가 기회가 되면 꼭 들러서 감사의 인사를 드리고 싶었고, 책을 내고 1년이 지나 다시 한국에 방문하게 되었을 때 출판사에 일일호일에서 북토크를 하고 싶다는 의사를 전했다. 이때는 꽤 큰 방송 프로그램들에도 출연한 후였던 터라 좀 더 큰 규모의 북토크도 가능했고 출판사에서도 이를 권유했다. 하지만 나는 소규모일지라도 일일호일에서 북토크를 열어 나의 감사한 마음을 전하고 싶었다.

다행히 서점 측에서도 흔쾌히 허락해 주었고, 나는 그렇게 1년 만에 방문한 한국에서 다시 독자들과 만날 수 있었다. 이미 책이 나온 지 꽤 지난 데다가 기존에 다른 서점에서 했던 북토크 영상이 유튜브를 통해 공개되어 있던 터라, 일일호일에서의 북토크는 책 소개는 짧게 줄이되 독자들과 소통하는 방식으로 진행되었다. 지금 생각하면 이 북토크에서 만난 10여 명의 독자 중 두 사람이 지금 이 책을 쓸 수 있는 원동력이 되었으니, 참으로 잘한 결정이었다.

한 사람은 북토크를 마친 후 가장 먼저 다가와 말을 건넨 여성이었다.

"선생님, 저는 우울증을 몇 년째 앓고 있어요. 부모님은 늘 그런 저를 이해하지 못하셨고 관계도 많이 상했는데요. 선생님 책을 부모님께 선물해 드린 후 책을 읽으시더니 저를 이해하게 되었다고 하시더라고요. 관계도 많이 회복되었고요. 그래서 꼭 감사하다는 말씀을 드리고 싶었어요."

그녀는 사인이나 사진 촬영도 요청하지 않고 그 말과 인사만 짧게 건네고 돌아섰다. 책의 작가를 만나고 싶다거나, 내 책에 대한 이야기를 듣고 싶다기보다도 정말 '고맙다'는 말 한마디를 전하고 싶어서 북토크에 발걸음을 해준 것이리라. 또 한 번 책이 갖는 치유의 힘에 대해서 배울 수 있었던 소중한 경험이었다.

나에게 깊은 인상을 남긴 또 다른 독자는 북토크 중에 질문을 던진 젊은 여성이었다. 거의 가장 뒷자리에 앉아 있던 그녀는 나에게 물었다.

"선생님, 자살이 나쁜 건가요?"

순간 당황했다. 한 번도 북토크에서 나올 것이라고는 생각해 본 적 없는 질문이었기에. 독자는 질문을 이어갔다.

"제가 선생님 책으로 친구들 다섯 명과 독서 모임을 했는데요. 선생님은 자살이 '극단적 선택'이 아니라는 근거로 자살을 생각하는 사람은 '자살을 선택지에 두는 것이 아니다'라고 하셨잖아요. 저는 솔직히 그 의견에 동의할 수가 없었어요. 제 친구들 모두요. 저희는 모두 정말 힘든 사람들에게는 자살이 기쁨으로 향하는 선택일 수 있다는 데 동의했어요."

그제야 그녀의 질문이 이해가 되었다. 그리고 처음으로 뉴스에서, 혹은 SNS에서만 접해왔던 청년들의 무망감無望感 혹은 절망감을 몸으로 느낄 수 있었다. 북토크 와중에도 마음이 너무 아프고 미안했다. 요즈음 한국 사회의 중위 연령이 46세까지 높아졌다고는 하지만, 어찌 됐든 이제 막 40대에 진입한 기성세대 초입의 어른으로서 우리가 만들어놓은 이 사회, 혹은 우리가 바꾸지 못한 사회에 대해 미안한 마음이 밀려왔다. 멀리 있어서 제대로 볼 수는 없었지만, 질문의 맥락을 생각해 보았을 때 그녀는 인생의 어떤 순간에 분명 자살을 고려해 본 적이 있는 사람인 것 같았다. 한마디 한마디가 조심스러웠지만 천천히 말을 시작했다.

저는 자살이 '나쁘다' 또는 '나쁘지 않다'라고 가치 판단을 내리고 싶지는 않습니다. 제게 가치 판단을 할 자격도 없고요. 다만 질문하신 분의 이야기를 들으며 마음이 아팠습니다. 젊은이들의 자살, 그리고 자살 생각에는 무망감, 즉 '희망이 보이지 않는 현실'이 크게 작용한다고 생각해요. 그리고 이런 현실을 만든 것은 결국 앞서서 사회를 꾸려온 기성세대겠죠. 질문자님의 질문을 듣고, 또 친구들이 모두 같은 생각이었다는 이야기를 듣고 굉장히 미안한 마음입니다.

질문에 대한 답변을 드리자면, 미국에서 레지던트 수련을 받을 때 사회복지사 한 분과 함께 식음을 전폐한 어느 노숙자를 병원으로 이송한 일이 있었어요. 그 노숙자가 질문자님과 비슷한 이야기를 했어요. 나에게도 죽음을 선택할 권리는 있는 것 아니냐고요. 그 사회복지사는 굉장히 쿨한 성격이었는데, 그때 이렇게 대답하더라고요. '당신의 논리에 동의한다면 내가 이 직업을 선택했을까요?' 저도 비슷합니다. 제게 자살이 옳고 그른지 판단할 자격이 있다고 생각하지는 않지만, 자살을 막아야 하는 것은 제게 신념과도 같아요.

저는 자살을 개인적인 문제로만 생각하지 않아요. 사람, 나아가 모든 생명체에게 생존은 본능에 가깝다고 생각해요. 그것이 사라졌다면 우리는 '왜?'라고 되물어야 하지 않을까요? 물론 사회 구조의 큰 영향 없이 정신 질환만으로 자살 생각을 경험하는 분들도 있겠죠. 하지만 그렇다 해도, 정신 질환에 대한 사회적 낙인 때문에 제때 치료받지 못하는 경우가 많다는 걸 고려하면 온전히 정신 질환만이 자살 생각의 이유라고 보기는 어렵다고 생각해요. 결국 자살까지 생각하게 만드는 건, 사회 환경과 처한 현실의 영향이 적지 않거든요. 자살이 극단적 선택이 아니라는 주장도, 궁극적으로는 이를 개인의 선택이나 의지의 문제로 보기보다는 '사회적 책임이 있는 죽음'으로 봐야 한다는 이야기를 하기 위해서였어요.

이러한 관점에서 볼 때, 우리나라 청소년과 청년 자살률이 매년 늘어가는 것은 우리 사회가 무엇인가 잘못되어 가고 있다는 신호입니다. 이런 신호의 원인이 무엇인지 파악하고 제도로, 또 문화로 보완해야 해요. 하지만 우리 사회는 아직까지 그러지 못하고 있죠. 우리나라 노년 인구 자살률은 몇 년간 조금씩 줄긴 했지만, 여전히 믿기 힘들 정도로 높아요. 이를 단적으로 보여주는 것이, 한국의 70~80대 자살률은 나치 치하의 유대인 자살률과 비슷하거든요. 한국 어르신들이 처한 사회적 스트레스가 얼마나 큰지 알 수 있는 대목입니다. 노년층 자살의 가장 큰 원인 중 하나는 경제적 어려움이라고 해요. 이럴 때 사회가 나서서 어르신들의 경제 여건을 최소한이나마 지켜줄 수 있는 제도를 강화해 자살을 막는 데 힘써야 하지 않을까요? 자살의 의미를 '개인의 선택'으로 축소하고 터부시하기엔 자살은 너무 거대한 한국 사회의 단면이고 우리 모두 적극적으로 제동을 걸어야 하는 사회 문제입니다. 그런 의미에서 앞서 말한 사회복지사나 정신과 의사처럼, 직업적인 신념으로 자살 시도자를 적극적으로 구하는 사람도 있어야 하고요.

다시 말씀드리지만, 저는 자살에 대해 가치 판단을 하고 싶지 않습니다. 다만 죽음을 생각하는 분들께 이런 말씀을 전해드리고 싶어요. 자살을 생각하게 한 것은 당신 잘못이 아니라고요. 괜히 자기 탓을 하며 '내가 문제지', '나만 죽으면 끝이야'라는 식으로 스스로를 학대하지 않았으면 좋겠습니다.

긴 답변이 끝나고 질문자는 고개를 숙여 고맙다는 표현

을 했다. 그 당시만 해도 그녀에게 내 답변이 어떤 의미였는지는 전혀 알지 못했다.

나중에 알게 된 일이지만 질문을 했던 독자는 김초롱 작가라는 이태원 참사의 생존자였다. 이태원 참사를 직접 경험한 후 자살 생각에 괴로워하던 그녀는 내가 방송에서 한 이야기를 통해 위로를 받았다고 했다. 그녀는 나와 북토크에서 만난 지 몇 달이 되지 않아 트라우마 생존 후기인 『제가 참사 생존자인가요』라는 책을 출간하기도 했다.

나는 두 번째 책, 즉 바로 이 책을 계약한 후에도 한참 동안 진도를 나가지 못하고 있었다. 책을 쓰겠다고 마음은 먹었지만 계속 책에 대한 동기 부여가 되지 않던 때였다. 그래서 미루고 미루다 어느덧 계약한 지 6개월쯤 지났을 무렵, 첫 책의 출판사를 통해 북토크 때 그녀가 그런 질문을 하게 된 이유가 무엇이었으며 그 질문의 주인공이 누구인지 비하인드 스토리를 전해 들었다. 김초롱 작가는 그날 나의 답변을 듣고 참사 후 수개월간 겪었던 자살 생각이 많이 잦아들었다고 한다. 나아가 '자살은 사회적 책임이 있는 죽음이다'라는 내 말을 듣고, 주변 누군가가 자살을 생각하게 된다면 자신이 그 자살을 막기 위해 노력하는 조력자가 되어 그 사람의 '사회'가 되어주겠다고 다짐했다고 한다. 그 말이 나에게 다시 앞으로 나아갈 희망이 되어주었다는 것을 그녀는 아마 모를 것이다.

돌이켜보면 그 당시 책을 써야겠다는 마음이 진전하지 못했던 가장 큰 이유는 뚜렷한 목적을 찾지 못했기 때문이었던 것 같다. 첫 번째 책의 목적이 내가 만난 환자들에 대한 사회적 낙인을 감소시키는 것이었다면, 두 번째 책은 독자들에게 진심 어린 위로의 마음을 전하기 위함이었다. 훨씬 덜 구체적이고, 막연했다. 목적의식이 흐릿해지자 부담감도 밀려왔다. 첫 책이 적지 않은 사랑을 받았기에 괜히 '첫 책보다 못하다'는 평가를 받게 되는 것은 아닐까 끊임없이 회의기 들던 때였다.

김초롱 작가의 북토크 후기를 듣고, 나는 '두 번째 책을 꼭 완성해야겠다'고 다짐했다. 첫 책보다 사랑을 덜 받으면 어떻고 완성도가 떨어지면 어떤가. 정말 단 한 사람이라도 내 책을 읽고 김초롱 작가처럼 자살 생각이 줄어들 수 있다면, 잃었던 삶의 의욕을 되찾는다면 정신과 의사로서 그보다 더 큰 보람은 없을 것이다. 그렇게 나는 다시 글을 쓰기 시작했다.

감추어야 할 애도는
없다

레지던트 동기였던 엠마는 묘한 아이였다. 조그만 체구에도 어찌나 당차던지. 우리 동기 중에서도 정신의학에 대해 가장 폭넓고 깊은 지식을 가지고 있던 그녀는 동기들 사이에서 언제나 인기 만점이었다. 정신의학적 지식이 필요하거나 환자에게 적절한 치료법이 무엇인지 고민이 될 때면 우리가 가장 먼저 찾는 동기는 늘 그녀였다.

엠마는 따뜻한 마음씨의 소유자였다. 벨뷰 병원의 입원 병동에서 처음 근무할 때, 많이 힘들어하던 나에게 가장 먼저 다가와 챙겨주었던 동기도 바로 그녀였다. 초보 아빠로서 육아와 하루 서너 시간에 달하던 출퇴근 길로 인해 나는 늘 파김치가 되어 있었다. 그러던 중 입원 병동 회진을 돌며 교수님께 환자에 대해 보고를 하다가 갑자기 뇌가 정지된 듯한 느낌을 받은 적이 있다. 이미 다 준비해 놓은 보고였음에도 머릿속은 순식간에 하얘졌고 입에서는 아무 말도 나오지 않았다. 회진이 끝나고 바보 같았던 스스로의 모습을 떠올리며 자책하고 있을 때, 어느새 엠마가 곁에 다가와 말을 건넸다.

"나도 네가 여기 오기 전에 똑같이 비슷한 경험을 했어. 아마 지난 달이었나?"

똑 부러지는 그녀에겐 그럴 일이 없었을 것 같았으나, 말만으로도 너무나 고마워 그제야 나는 희미하게나마 다시 미소를 지을 수 있었다. 지금도 그 생각이 떠오르면 그녀의 배려심이 나에게 다시 와닿는 것만 같아 마음이 따뜻해지곤 한다.

그러던 어느 날, 페이스북에 접속하자 무언가 이상한 글들이 눈에 들어왔다. 직감적으로 엠마에게 무슨 일이 일어났다는 것을 알 수 있었다. 친구들이 너도 나도 그녀의 페이스북 피드에 '네가 떠난 것을 믿을 수 없다'는 애도의 글을 올리고 있었다. 누구도 사인死因을 이야기하진 않았지만, 큰 충격을 받은 듯한 사람들의 메시지와 글의 뉘앙스를 통해 어렴풋이 짐작할 수 있었다. 그녀가 자살로 사망했다는 것을. 레지던트 2년 차가 끝나가던 5월 즈음이었다.

엠마가 세상을 떠난 바로 다음 날 아침, 수련부장을 비롯해 레지던트 교육을 담당하는 교수님들이 모든 레지던트를 불러 모았다. 우리는 황망한 마음을 안고 큰 강의실에 다 같이 모였다. 레지던트들이 각기 다른 병원에서 근무하는 뉴욕대학교의 특성상, 1~4년 차 레지던트가 모두 한자리에 모이는 일은 매우 드물다. 내 기억이 맞다면 아마 그날이 유일했을 것이다. 그렇게 총 80명에 달하는 레지던트들과 수십 명의 교수들이 모였다. 수련부장 교수님은 엠마가 갑작스레 세상을 떠났고, 레지던트들이 걱정되어 자리를 마련했다고 먼저 상황을 설명했다.

그러더니 수련부장 교수님에 이어 세 명의 교수님이 강의실 가운데에 놓인 의자에 나란히 앉았다. 뉴욕대학교의 정신과 레지던트들은 연차별로 매주 한 시간씩 집단 상담을 하는데, 이를 이끄는 분들이었다. 사실 그 이후에 일어난 전개는 나로서는 전혀 예상하지 못한 상황이었다. 세 명의 교수님이 80명의 레지던트를 대상으로 마치 집단 상담을 하듯 대화의 장을 열기 시작한 것이다. 자연스럽게 그 시간은 엠마에 대한 이야기 혹은 본인이 지금 겪고 있는 감정에 대해 나누는 자리가 되었다.

처음에는 당연히 슬픔이 주된 정서였다. 첫날엔 많은 레지던트들이 이야기를 하며 울컥하거나 눈물을 흘렸다. 방 안은 훌쩍이는 소리로 가득했다.

"엠마는 어떻게 그럴 수가 있죠? 너무 화가 나요."

어떤 친구들은 그녀에 대한 분노를 표현하기도 했다. 실제로 사랑하는 사람의 자살을 접하면 그 현실을 받아들이기가 힘들기에, 사망 직후 고인에 대해 분노의 감정을 보이는 것은 드문 일이 아니다.

대화의 장은 하루 만에 끝나지 않았다. 우리 레지던트들에게는 자신이 원할 때까지 업무에서 자유롭게 빠져도 된다는 권한이 주어졌고, 원하는 사람에 한해서 함께 모여 감정을 나눌 수 있는 시간이 일주일간 계속되었다. 그러자 신기한 일이 벌어졌다. 처음에는 주로 슬픔에 머물러 있던 정서가 점차 다양하게 발현되기 시작한 것이다. 어떤 친구는 엠마와 있었던 재미있는 에피소드를 나누었고, 황당하거나 우스꽝스러운 사연에 우리는 다 함께 웃음을 터뜨렸다. 예술적 감수성이 풍부한 친구들은 그녀가 좋아하던 노래를 자청해 부르기도 했고, 한 친구는 기타를 가져와서 그녀에게 연주를 헌정했다. 그렇게 우리는 일주일간 울고 웃으며 엠마를 애도했다. 묘한 경험이었다. 단순히 감정을 나누는 데서 오는 카타르시스도 있었지만, 내가 몰랐던 엠마를 알게 되는 신기함도 느낄 수 있었다. 다른 친구들의 경험담을 들으며 나는 내가 단편적으로만 알았던 그녀를 더욱 입체적으로 느낄 수 있게 되었다. 단색으로 보이던 엠마의 모습이 우리의 대화를 통해 다채로워졌다고 해야 할까.

'내가 모르는 엠마의 모습이 이토록 많았구나.'

종종 그런 생각이 들어 나는 오히려 엠마가 살아 있을 때보다 그녀와 더 가까워진 것 같은 묘한 기분도 느꼈다. 그 기분은 나쁘지 않았다.

이 애도는 단지 일주일로 멈추지 않았다. 나와 동기들은 졸업할 때까지 2년여 동안 매주 진행되는 집단 상담을 통해 애도의 여정을 함께했다. 당시 우리의 집단 상담을 이끌던 교수님은 그녀를 잘 알고 있었고, 따라서 우리의 대화는 꽤 나 자주 엠마에 대한 이야기로 모이곤 했다.

엠마의 장례식에서 접한 그녀의 어린 시절 사진 중에 유 달리 눈에 띄는 사진이 있었다. 아마 한 살 정도 되었을까 싶은, 아주 어린 아기 때의 사진이었는데 이를 보는 내 마음이 갑자기 찢어질 듯 저려왔다. 그 무렵 18개월쯤 되었던 내 딸의 체형과 웃음을 빼다 박은 듯한 엠마의 어린 시절 모습에 내 아이가 겹쳐 보였기 때문이다. 집단 상담 시간에 '엠마의 아기 때 사진을 보니 자연스레 그녀를 잃은 아버지의 심정이 느껴졌다'고 말하자 모든 동기를 비롯해 교수님들까지도 함께 펑펑 울었다. 그러나 그녀가 세상을 떠난 지 얼마 되지 않았을 무렵, 나는 나의 '슬픔의 자격'에 대해서 계속 의문을 품는 자신을 발견했다.

'나는 엠마의 가족이 아닌 건 물론이거니와 절친하지도 않았는데, 나에게 이렇게 슬퍼할 자격이 있을까? 누군가는 내가 과잉 반응한다고 생각하지 않을까?'

망설이다 동기들과의 집단 상담 시간에 이와 같은 고민에 대해서 털어놓자 한 친구가 대답했다.

"그런 게 어디 있어. 네 슬픔은 너만의 고유한 감정인데. 네 슬픔의 무게를 다른 사람과 비교하려고 하지 마. 누가 뭐래도 너는 슬퍼할 자격이 있어."

다른 친구들도 이에 동조했다. 아니, 동조 정도가 아니라 나의 사고 과정 자체를 이해하지 못하는 것 같았다. 어쩌면 나는 나의 주관적 고통을 타인과 비교해서 스스로의 아픔을 숨기던 한국에서의 습관 때문에 엠마의 죽음 앞에서도 비슷한 걱정을 했던 것일지도 모른다. 그렇게 나는 친구들과 대화를 나누며 엠마를 잃은 슬픔에 대해서도 떳떳해질 수 있었다.

가족뿐 아니라 주변의 가까웠던 연인, 친구, 동료로 범위를 넓히면 사랑하는 사람을 자살로 잃는 일은 우리 사회에서 생각보다 드물지 않다. 실제로 엠마의 죽음이 우리 동기들에게 그랬듯, 가까운 친인척이 아니더라도 친구나 지인을 자살로 잃으면 큰 심리적 충격을 받을 수 있다. '자살 유가족'보다 더 포괄적인 개념으로 '자살 사별자'라는 표현을 쓰는 것도 그와 같은 이유에서다.

한국은 지난 25년간 OECD 국가 중 자살률 1위를 기록해 온 나라다. 이 정도면 '자살 사별자의 나라'라고 해도 과언이 아닐 것 같다. 2023년《한겨레 21》과 한국심리학회의 설문조사에서도 한국인은 네 명 중 한 명꼴로 주변의 가까운 가족이나 친구, 지인을 자살로 잃은 적이 있다는 결과가 나왔다. 이처럼 누구나 자살 유가족, 자살 사별자가 될 수 있는 세상에서 이제는 우리 사회가 자살을 대하는 자세도 조금은 바꿔야 하지 않을까.

자살 유가족을 지원하는 시민단체, 전문가들과 교류하며 한국에서 자살 유가족이 처한 현실에 대해 많이 배웠다. 예전보다야 많이 나아졌다지만, 한국 사회에 여전히 짙게 남아 있는 자살에 대한 낙인은 유족이 공개적인 애도를 하는 데 큰 걸림돌이 된다. 한국의 많은 자살 유가족은 공개적으로 애도를 하기는커녕 사회적인 낙인 때문에 자살로 사망

했다는 사실조차 숨기는 경향이 있다고 들었다.

우리는 엠마의 죽음을 누구도 쉬쉬하거나 숨기려 하지 않았다. 그렇게 공개적으로 스스럼없이 이야기를 나눈 덕분이었을까, 그녀의 죽음은 물론 거대한 비극이었지만 감추거나 말할 수 없는, '가슴에 묻어야 하는 죽음'은 아니었다. 마치 교통사고나 지병으로 친구를 떠나보냈을 때와 다를 바 없이 우리는 그녀의 죽음을 음지가 아닌 양지에서 함께 애도했다. 그리고 그 공개 애도의 치유적 효과를 체험하면서, 나는 한국 사회 역시도 자살을 대하는 자세를 바꿔야 한다는 신념을 가지게 되었다. 여러 언론과 인터뷰를 하면서 일부러라도 '자살'이란 화두를 꺼내고, 공개적인 대화의 장으로 이끌어내려 노력했던 것도 그를 위함이었다. 엠마의 아버지가 느꼈을 슬픔에 공감하던 그때의 마음가짐으로, 나는 양지에서 자살을 애도할 수 있도록 하는 것을 나의 또 다른 소명vocation으로 삼고 있다. 『슬픔은 발효중』이라는 에세이를 내기도 한, 자살 유가족인 박경임 작가의 말처럼 자살로 사랑하는 사람을 잃은 것은 더 이상 숨겨야 하는 일이 아니며 함께 울어야 하는 아픔이다. '슬픔은 나누면 반이 된다'는 속담도 있지 않은가. 조상들의 그 가르침을 우리가 몸소 실천할 수 있었으면 좋겠다. 그 어떤 죽음이라도 공개적으로 애도할 수 있기를 바란다.

얼마 전 〈유퀴즈〉 '가족 같은 친구를 보내고' 편에 아스트로의 차은우 씨가 출연했다. 그는 때로는 덤덤한 표정으로, 또 때로는 울컥 차오르는 눈물을 참아가며 사랑하는 친구 문빈 씨를 보낸 아픔을 유재석 씨, 조세호 씨와 함께 나누었다. 그가 세상을 떠난 지 약 1년 반 만의 일이다. 차은우 씨가 드라마의 대사를 빌려 한 말이 내가 우리 사회에 하고 싶은 말과도 너무 같아서, 오래도록 가슴을 울렸다.

상실의 아픔을 가진 모든 사람이 편안해지기를, 세상이 그들에게는 조금 더 다정하기를.

○

우리가 서로에게
책이 될 수 있다면

"공감을 하는 데 가장 중요한 뇌 부위는 어딘가요?"

온라인으로 진행되었던 한 북토크에서 이런 질문을 받았다. 내가 어떤 대답을 했는지 말하기 전에, 먼저 학자들은 기본적으로 세상을 확률적으로 바라본다는 말부터 해야 할 것 같다. 즉, 인과 관계가 명확하게 밝혀지지 않은 일에 대해 확정적으로 이야기하기를 꺼린다는 것이다. 아직 아는 것보다 모르는 것이 더 많은 뇌과학에 대한 부분이라면 더더욱 조심스럽다. 그럼에도 그때 나는 잠시 숨을 고르고 나서 대답했다. 전전두엽(뇌의 가장 앞에 있는 부위)이라고 '생각한다'고.

어렸을 때 도스토예프스키의 소설들을 읽으며 생긴 습관이 하나 있다. 등장인물에 친숙한 할리우드 배우들을 대입해 상상하는 것이다. 가령 『카라마조프가의 형제들』을 읽을 때 드미트리는 브래드 피트, 알료샤는 맷 데이먼을 대입해 상상했다. 지금 생각하면 유치할뿐더러 배우들과 등장인물들에게는 닮은 구석도 거의 없지만, 중학생이 그 두꺼운 책들을 끝까지 읽기 위해서는 그나마 친숙한 외국인들을 대입해야 감정 이입을 하기가 더 쉬웠다고 변명하고 싶다. 게다가 러시아처럼 낯선 나라를 배경으로 하는 소설이라면 더더욱 말이다. 비록 이런 꼼수를 쓰긴 했지만 한국의 중학생에게 러시아의 이야기가 생생하게 다가오고, 오늘날의 미국인들이 100년 전 지구 반대편의 두 나라를 배경으로 한 『파친코』를 읽으며 깊은 감명을 받는다는 것은 어찌 보면 놀라운 일이다. 모두 인간의 공감 능력 덕분이다.

이처럼 사람들은 누구나 '공감할 수 있는 능력'을 가지고 태어난다. 물론 각기 타고난 지적, 신체적, 정서적 능력이 다르듯이 공감 능력 또한 유전과 환경에 따라 다른 스펙트

럼을 보이기에 누군가는 공감 능력이 더 뛰어날 수도, 동시에 어떤 사람은 부족할 수도 있다. 하지만 우리는 기본적인 공감 능력을 갖추고 태어나기에 『상실의 시대』의 와타나베에 감정 이입하고 헤르만 헤세의 『데미안』을 이해할 수 있는 것이다. 영화도 마찬가지다. 나와 공통점이라고는 하나도 없어 보이는, 방부제 인간 같은 톰 크루즈를 보며 두 시간을 온전히 즐길 수 있는 것 또한 우리가 공감 능력을 가지고 있는 덕분이다. 그런데 그렇게 나와 공통점 하나 없어 보이는 먼 나라의 주인공들에게는 쉽게 공감해 울고 웃으면서, 정작 나와 문화, 환경, 외모 등 많은 것이 유사한 한국의 타인은 이해해 주지 못할 때가 많다. 왜일까?

현실과 허구의 차이라는 영향도 분명 있을 테지만, 이에 더해 나는 '의지의 차이'도 한몫을 한다고 생각한다. 나는 의지라는 말을 그다지 좋아하지는 않는다. 예를 들어 우울증이나 자살 충동은 절대 의지의 문제가 아니다. 중독 또한 개인의 의지만으로 벗어나기는 굉장히 힘들기에 무엇이든 '의지'만 있으면 된다는 식의 말에 나는 전혀 동의하지 않는다. 하지만 공감에 대해서만큼은 '의지'라는 말을 힘주어 사용하는 편이다.

하물며 오롯이 책 한 권을 읽거나 영화 한 편을 감상하는 것에도 의지가 필요하다. 책을 읽기 위해서는 잠시 하던 일을 멈추고 독서에만 집중하는 시간을 가져야 하며, 영화관에서 영화를 감상하기 위해서는 습관처럼 들여다보는 휴대폰도 집어넣은 채 두 시간 혹은 그 이상의 시간을 온전히 쏟아부어야 한다. 그리고 이를 위해 꼭 필요한 것이 우리 뇌 속 전전두엽의 활성화다.

전전두엽은 의지를 가지고 목적이 분명한 활동을 실행할 때 활성화되는 부위다. 물론 공감에 관여하는 뇌 부위는 다양하며 가장 중요하다고 여겨지는 부위도 따로 있다. 하지만 아무리 공감 능력이 뛰어난 사람일지라도 나와 다른 타인을 이해하기 위해서는 결국 '의지'가 필요하다고 생각하기에, 나는 그런 의도를 담아 북토크 중의 질문에 '전전두엽'이라는 답변을 한 것이다. 실제로 전전두엽이 손상된 사람들에게서 공감 능력이 감소한다는 연구 결과들이 많이 보고된 바 있기도 하다.

나의 첫 외래 환자는 맨해튼의 고급 콘도에서 도어맨 doorman(아파트의 경비원과 유사한 직업)으로 일하는 50대의 백인 남성이었다. 심각한 알코올과 코카인 중독을 앓았었던 그는 자살 생각이 심해져 구급차를 불렀고, 그렇게 벨뷰 병원의 정신과 응급실로 이송되어 나와 만났다. 짧은 입원 병동 치료를 마친 후, 그는 나의 전임 레지던트와 꾸준히 외래 치료를 하고 집단 상담을 하면서 알코올과 코카인을 끊을 수 있었다. 그는 나를 만나기 전에도 이미 벨뷰 병원 중독 클리닉의 모범 환자로 유명했다. 집단 상담을 할 때에 리더 역할을 앞장서서 맡기도 했으며, 힘들어하는 다른 환자들을 언제나 활기찬 에너지로 보살피는 큰형 같은 존재였다. 전임 레지던트에게 인계받았을 때 그는 이미 술과 약물을 끊은 지 1년이 넘은 건강한 상태였다. 그렇게 그를 매주 만난 지 두세 달쯤 되었을 어느 날, 평소와 달리 그는 조금 상기된 얼굴이었다. 한 주간 어떻게 지냈는지, 요즘 상태는 어떤지 같은 피상적인 대화를 몇 번 주고받던 중 그는 대뜸 이런 말을 먼저 꺼냈다.

"선생님, 요즘 TV를 보기가 싫어요."

"왜 그렇죠?"

"정치 때문에요. TV를 보면 화를 주체할 수가 없어요."

당시는 트럼프 대통령 집권 2년 차로, 트럼프가 한창 반 反 이민 정책을 펼치며 이민자들에 대해 과격한 말들을 거침없이 내뱉던 때였다. 그때 트럼프가 취했던 입장이나 정책은 이민자들에게 위협적으로 느껴지는 것들이 많았고, 따라서 나를 포함한 대부분의 이민자들은 트럼프에게 반감을 가지고 있었다. 그는 '화를 주체할 수가 없다'는 말에 이어 과격한 트럼프 지지자들의 언어로 이민자들을 비판하기 시작했다. 그때 내가 놀랐던 이유는 두 가지다. 첫 번째는 아무리 내가 이민자라는 사실을 이야기한 적이 없다고 해도, 뻔히 동양인 이민자로 보이는 나를 앞에 두고 그런 거친 말들을 쏟아냈다는 사실 때문이었다. 그의 분노에 찬 이야기를 들으며 나는 2년 전의 어떤 밤으로 돌아갔다. 메이요 클리닉에서 정신과 응급실 당직을 서던, 트럼프가 대통령에 당선되던 날의 밤이었다.

그날 응급실에는 공황발작 혹은 과도한 불안 증상으로 수많은 환자가 몰려왔다. 애견 구호 NGO에서 일한다던 한 환자는 트럼프가 대통령이 되면 자신이 일하는 단체에 정부 지원이 끊길 것을 걱정한 나머지 공황 발작이 심해져 구급차에 실려왔다고 했다. 당시 대부분의 사람들은 트럼프의 당선을 예상하지 못했기에 의료진들의 충격도 꽤나 컸다. 나보다 1년 선배였던 한 히스패닉계 레지던트는 충격을 받아 다음 날 결근을 하기도 했다. 그때 트럼프는 멕시코 이민자들을 멕시코인의 주 언어인 스페인어로 '나쁜 친구들 bad hombres'이라고 조롱하며 노골적으로 이민자를 희화화하거나, 미국의 많은 문제가 이민자들 때문에 일어난다는 식으로 이민자를 적대시하는 발언을 워낙 많이 해왔었다. 나 또한 미국에 갓 건너온 입장에서, 그가 당선되면 나의 미국 생활 또한 위축될 것 같다는 생각을 내심 하고 있었다. 정말로 트럼프가 미국인들의 선택을 받아 당선이 되자, 자연스레 '나는 환영받지 못하는 존재구나'라는 생각이 들어 좌절감과 허무함이 밀려들었다. 아니, 그날 밤은 약간의 두려움까지 엄습했다.

소란했던 밤이 지나고 그날 새벽, 응급실 당직을 마치고 퇴근하는 길이었다. 병원의 청소 담당 직원으로 보이는 두 명의 젊은 백인 남자가 내가 탄 엘리베이터에 올라탔다. 그들은 엘리베이터 밖에서 시끄럽게 떠들다가, 문이 열리고 내가 보이자 약속이라도 한 듯 입을 다물었다. 트럼프의 2016년 대선 구호인 'MAGA Make America Great Again(미국을 다시 위대하게)'가 쓰인 티셔츠를 입고 있던 그들은 내 앞에선 아무 말도 하지 않았지만 행복한 표정을 감추지 못했다. 겨우 4층 남짓을 내려가는 그 엘리베이터에서의 시간이, 나에게는 너무나도 길게 느껴졌다.

'이 사람들은 지금 나를 보며 속으로 무슨 생각을 하고 있을까?'

그날 밤의 기억이 마치 트라우마처럼 떠올라 나를 괴롭혔다.

하지만 그보다 내가 더 충격을 받은 두 번째 이유는, 그날 그 환자와의 대화가 트럼프 지지자와 처음으로 나눈 대화라는 사실을 스스로 깨달았기 때문이었다. 나는 막연하게 트럼프 지지자들을 두려워했고, 그들도 나를 미워했을지도 모른다. 이처럼 서로에 대한 어렴풋한 인상만 품은 채

정작 우리는 한 번도 만나서 이야기를 나눠본 적이 없었던 것이다. 그렇게 생각하니 트럼프 지지자인 그가 나의 첫 환자가 되었다는 것이 이내 하나의 기회처럼 느껴졌다. 그 후 일주일에 한 시간씩 매주 이어지는 치료 과정에서 우리는 그날 그가 분노에 차서 한 말들에 대해 여러 번 대화를 나누었다.

그는 브루클린의 한 흑인 빈민가에서 자란 유일한 백인이었다. 초등학교와 중학교를 다닐 때에는 같은 반에 자기 외에 백인이 아예 없었던 적도 있다고 했다. 자라면서는 자신의 다른 피부색 때문에 왕따를 당하기도 했으며, 심지어는 집단 폭행을 당했었다는 말도 털어놓았다. 피부색이 조금이라도 어두워지면 조금 덜 괴롭힘을 당할까 싶어 피부를 햇볕에 완전히 태운 적도 있다고 했다. 걸핏하면 손찌검을 일삼던 그의 아버지는 극심한 알코올 중독자였고, 그가 중학생일 때 간경화로 세상을 떠났다. 어머니는 외벌이로 일하느라 아들을 돌볼 여유가 없었다고 했다. 그렇게 그는 내내 빈민가에서 자랐고, 성인이 되어서는 늘 힘겹게 입에 풀칠하기 바쁜 삶을 살아왔다. 그런데 자기에게 느닷없이 '백인으로서의 특권white privilege'을 누렸다고 사람들이 싸잡아 비판을 하니 화가 치밀어 올랐다고 그는 솔직하게 말해주었다.

깊은 대화를 나누면서 그는 마침내 나에게 마음의 문을 열었다. 우리는 여느 정신과 의사-환자와 다름없이 서로 연결되었고 또 공명할 수 있었다. 나와의 마지막 만남에서 그는 눈물을 보였다. 그와 마지막 악수를 하고 돌아서는 내 마음 한편은 오랜 친구를 보내는 것처럼 시렸다.

요즘 우리는 SNS를 통해 자신이 보고 싶은 것만을 취사선택해서 보고, 읽고, 믿는 삶을 살고 있다. 세상을 보는 렌즈를 온라인 커뮤니티, SNS와 유튜브 알고리즘에 크게 의존하는 현실에서, 나와 다른 생각을 가진 사람을 차단하기란 너무도 쉽다. 퓨 리서치 센터Pew Research Center에서 진행된 설문조사에 따르면 공화당 지지자의 80%는 '민주당이 사회주의자들에 의해 점령당했다'고 생각한 반면, 민주당 지지자의 80%는 '공화당이 인종차별주의자들로 가득하다'고 생각하는 것으로 나타났다. 더 흥미로운 사실은, 사람들은 자

신이 자기와 다른 정치 성향을 가진 사람을 싫어하는 정도
보다 다른 정치 성향을 가진 가상의 누군가가 자신을 훨씬
더 싫어할 것이라고 예측했다는 점이다. 어쩌면 이런 오해
는 당연한 결과일지도 모른다. 사람들은 더 이상 자기와 의
견이 다른 사람과 대화하기를, 아니 아예 만나는 것조차 원
하지 않으므로. 미국인들의 80%가 자신과 다른 정치 성향
을 가진 사람을 친구로 두지 않거나 거의 두지 않는다고 보
고한 한 연구 결과가 이를 뒷받침한다.

한국에서도 이와 유사한 연구가 이루어졌는지는 잘 모르
겠지만, 아마 비슷한 추세가 나타나지 않을까 싶다. 세대별,
성별, 직역職域별 온라인 커뮤니티가 활성화된 현실을 감안
하면 한국이 더 심각할지도 모른다.

이처럼 극도로 분열된 사회에서 살아가는 한 개인으로
서, 어떻게 하면 우리는 내면의 선입견을 줄여볼 수 있을
까? 더 나아가 어떻게 해야 나와 다른 의견을 가진 사람에
게 공감할 수 있을까. 소설이나 영화를 통해 공감을 연습해
보는 것도 좋지만, 사실 가장 효과적인 방법은 나와 다른 배

경, 시각을 가진 사람을 직접 만나는 것이다. 덴마크에서 시작된 '사람 도서관' 프로젝트처럼. 그게 불가능하다면, 가장 손쉬운 방법은 아마도 '온라인'을 활용하는 것일 터이다. 온라인 커뮤니티와 SNS, 유튜브 알고리즘이 촉발한 분열의 사회에서 이에 대한 해결 방안이 결국 온라인에 있다는 것은 어쩌면 자연스러운 귀결이지 않을까.

예를 들어 자신과 반대의 정치 성향을 가진 사람과 SNS 친구를 맺거나, 보수 정당의 지지자라면 진보 성향의 유튜브도 구독해 보는 것이다. 그 비율을 반드시 5:5로 할 필요는 없다. 9:1, 8:2 정도로만 배분해도 시야가 좁아지는 것을 막을 수 있고, 무엇보다도 좋은 공감 연습이 될 수 있다. 물론 처음에는 나와는 너무 다른 그들의 말 한마디 한마디가 거슬릴지도 모른다. 그럼에도 이를 '연습'이자 타인에 대한 선입견을 줄이는 기회로 삼는다면, 또 공감 능력을 키우는 기회로 삼는다면 그 정도의 불편함은 감당해 볼 가치가 있지 않을까. 나도 최근 2년간 SNS를 통해 이와 같은 노력을 해보았다. 그리고 이를 통해 평소 내 친구의 폭이 얼마나 좁았고, 균질적이었는지를 비로소 알 수 있었다.

요즘은 나와 다른 삶을 살아가는 사람을 만나기가 갈수록 힘들어지는 것 같다. 아이들은 어릴 때부터 비슷한 환경의 친구들하고만 어울려 놀며 자란다. 여러 배경을 가진 친구들이 놀이터에서 섞여 놀던 풍경은 이제 어느새 아스라한 과거의 것이 되었다. 어른들 또한 마찬가지다. 내가 여러 SNS나 블로그 포스팅, 그리고 매체 인터뷰를 통해 던지고 싶은 메시지 또한 바로 여기에 있다.

우리가 한 편의 영화를 보거나 한 권의 책을 읽는 데 들이는 노력을 내가 겸상조차 하기 싫은 누군가에게 쏟을 순 없을까. 우리가 책 한 권을 읽기 위해 쏟는 의지만큼만이라도 서로를 이해하는 데 쓸 수 있다면, 그렇게 의지를 가지고 내 책을 읽은 누군가가 나와 완전히 다른 사람의 이야기를 궁금해할 수 있다면.

우리가 서로에게 책이 될 수 있다면.

○

연결됨으로써
더 강해질 수 있다

정신 건강을 위해서 가장 중요한 것을 꼽으라면 나는 주저 없이 운동과 '사회적 연결'을 꼽는다. 마찬가지로 우울증을 예방하기 위해 가장 좋은 셀프 처방전 또한 운동과 사회적 연결이다. 이 이야기를 하면 종종 나오는 질문이 하나 있는 데, SNS도 사회적 연결에 도움이 되느냐는 것이다. 그런 질 문이 나올 때면 나는 역으로 청중에게 질문을 던진다.

"어느 관계나 마찬가지로 관계의 질에 따라 다르겠죠. 여 러분은 만약 정신적으로 힘든 일이 있을 때 SNS로 연결된 친구에게 의지할 수 있나요? 그 친구가 당신의 말을 진심으로 들어주고, 시간을 들여 당신의 고통을 덜어주려 노력할까요? 여러분이 그 친구가 당장 달려와 주길 원한다면 그분은 기꺼이 달려올까요? 만약 이 질문들에 모두 '네'라고 답할 수 있는 관계가 SNS에 있다면, 그 연결은 분명 도움이 될 거예요. 다만 많은 경우 SNS에서 만난 관계는 그렇지 못하기 때문에, 전문가들은 SNS의 인간관계에 대해 우려를 표하는 것이고요."

학술적으로 외로움이란, '개인이 바라는 사회적 관계와 현실 사이의 괴리로 인해 느끼는 주관적 고통'을 말한다. 2024년의 한국은 말 그대로 외로운 나라다. 30년 전만 해도 10% 미만이던 1인 가구가 전체 인구의 30%를 넘어섰으며, 이 추세대로라면 수년 내에 40%를 돌파할 것으로 예상된다. 20대 10명 중 6명이 외로움을 느낀다는 조사 결과도 있다. 2024년 초, 19~34세의 성인 중 '최근 사적으로 사람을 만난 적이 없다'고 답한 비율은 16.4%에 이르렀으며 13.2%는 '정서적으로 의지할 만한 사람이 없다'고 답했다는 한 연구 결과를 보고 나는 새삼스럽지만 놀라움을 삼켜야 했다.

트럼프 지지자였던 환자의 거침없는 언사도 묵묵히 들

어야 했듯이, 정신과 의사로서 나는 '듣기 싫은 이야기도 잘 들어주는' 습관을 매일매일 쌓아갈 수밖에 없다. 그런 나조차도 질색하는 말이 딱 하나 있는데, '한국 사람들은 워낙 우울한 성향이 있다'는 말이다.

이는 피해자를 탓하는blaming the victim 전형적인 프레임이다. 한국은 유독 자살률이 높다는 이야기를 워낙 오랫동안 들어온 탓에 우리 사회는 늘 우울하며, 내내 자살률이 높았다고 착각하기 쉽다. 하지만 1997년 외환위기 전까지 한국은 자살률이 높지 않았고, 오히려 OECD 평균보다 한참 자살률이 낮은 나라였다. 하지만 외환위기가 급격한 사회·경제 구조적 변화를 가져오며 우리 사회 또한 빠르게 변했다. 그런 격변을 거치며 겪은 공동체의 붕괴 또한 자살률을 높인 빼놓을 수 없는 이유일 것이다. 실제로 자살을 학문의 영역에서 처음 다룬 사회학자 에밀 뒤르켐Emile Durkheim은 사회의 결속력이 떨어질수록 개인의 자살 위험성과 사회의 자살률은 반대로 높아진다고 주장했으며, 현대 자살 연구의 거장인 토마스 조이너Thomas Joiner 역시 비슷한 맥락으로 좌절된 소속감thwarted belongingness, 즉 타인으로부터 연결과

지지를 받지 못하는 경험을 자살의 주요 원인 중 하나로 꼽았다.

1997년을 배경으로 시작한 〈응답하라〉 드라마 시리즈는 1994년을 거쳐 1988년까지 거슬러 내려갔다. 세 편 모두 인기리에 방영되었지만 그중에서도 가장 많은 사랑을 받은 시리즈는 역시 〈응답하라 1988〉이 아닐까. 덕선이라는 여주인공을 필두로 그 주변 네 명의 남자 친구들이 함께 골목을 누비며 서로의 부모들과 대가족처럼 지내는 모습을 보여준 이 드라마가 유달리 사랑을 받은 이유는, 바로 그 시절의 공동체적 감성을 많은 사람이 그리워하기 때문일 것이다. 나 또한 어린 시절을 생각하면 〈응답하라 1988〉처럼 학교가 끝나면 놀이터나 운동장에서 친구들과 함께 놀고, 예정에도 없이 친구의 집에 들르고 친구들도 우리 집에 스스럼없이 놀러 오던 모습이 떠오르곤 한다.

"어릴 때 형이랑 이렇게 놀다 보면 꼭 엄마가 밥 먹으라고 불렀는데……. 이젠 아무도 안 부르네."

넷플릭스 드라마 〈오징어 게임〉 마지막 장면에서 주인공

기훈과 상우는 동네에서 친구들과 함께 해 질 무렵까지 걱정 없이 뛰놀던 어린 시절을 상상하며 말한다. 이제는 볼 수 없을 내 유년기의 풍경이 떠올라 마음 한편이 쓸쓸해지기도 했다. 2024년을 살아가는 지금, 〈응답하라 1988〉에서와 같이 아무 걱정 없이 모여 놀다가 급작스레 친구네서 저녁을 먹고 집에 돌아오는 시대는 아마 다시는 돌아오지 않을 것이다. 〈응답하라 1994〉에서 보여주었던 대학교의 하숙집 역시 모두 원룸으로 바뀌었다.

그래서 오늘날 우리 사회 청년들의 키워드는 '혼자'다. 혼자 살고, 혼자 밥을 먹고, 혼자 방에서 유튜브를 본다. 하지만 아이러니하게도 그렇게 혼자 있는 상황에서도 우리는 타인과 연결되기를 원하는데, 그 결과로 나타난 것이 온라인 커뮤니티다. 대학내일연구소의 연구 결과에 따르면 MZ세대의 70% 이상이 온라인 커뮤니티를 이용하며, 그중 절반 가까이는 매일 접속한다고 한다. 이는 혼자 있는 걸 편하게 느끼면서도 동시에 사회적 연결을 원하는, 우리 기저의 모순된 마음이 반영된 사회적 현상이라고 생각한다. 잠시 고시촌에서 자취하던 대학생 시절, 나 역시 학교 커뮤니티에서 위안을 찾곤 했던 기억이 떠오른다. 그렇게 SNS와 온라인 커뮤니티를 통해서 우리는 누군가와 서로 연결되는 듯 느끼지만 정작 그 관계들이 나에게 진정한 정서적 지지를 줄 수 있는지는 사실 확신하기 어렵다.

미국 의무총감인 비벡 머시 박사가 외로움을 '시대의 전염병'으로 규정한 것을 보면 외로움은 한국뿐 아니라 전 세계에 퍼지고 있는 것 같다. 영국에서도 '사회적 처방social prescribing'이라는 프로그램이 진행되고 있다. 의사들이 사회적으로 고립되거나 외로움을 느끼는 환자들에게 '사회적 관계'를 처방하는 시스템이다. 사회적 처방을 받은 환자들은 특별히 훈련된 자원봉사자들을 소개받고 그들에게서 정서적 지지를 얻는다. 이러한 사회적 처방은 단순히 정신 건강뿐 아니라 각종 신체 건강 지표 또한 향상시켰다고 한다. 이에 영국에서는 외로움을 감소시키기 위해 2024년까지 100만 명에게 사회적 처방을 하는 것을 목표로 하고 있다. 의사가 사회적 관계를 처방하는 현실을 보면 '외로움은 전염병'이라는 머시 박사의 말이 한층 더 와닿는다.

요즘처럼 스스로의 건강에 신경을 쓰는 '웰빙' 시대에, 하루에 담배 열다섯 개비를 피우는 것이나 하루에 여섯 잔의 술을 마시는 것만큼 건강에 해로운 요인이 있다면 누구든 어떤 수를 써서라도 이를 피하려 하지 않을까. 다만 그것이 공기처럼 우리 눈에 잘 띄지 않는 것이라면, 피할 생각조차 하지 못할 터이다. 담배 열다섯 개비, 술 여섯 잔보다 우리 건강에 해로우면서 잘 보이지 않아 놓치기 쉬운 것이 바로 외로움이다. 이제는 의식적으로라도 스스로에게 '사회적 처방'을 내리는 일이 필요하지 않을까. 오랜만에 가족과 통화를 한다든가, 오래된 친구에게 안부 문자를 보내본다든가. 정서적으로 힘들 때 의지할 만한 한 사람을 찾을 수 있다면, 우리 삶도 조금은 덜 위태로울 수 있을 것이다.

그리고 무엇보다, 정서적으로 의지할 곳이 단 한 사람도 없는 누군가가 있다면 우리 사회가 어떻게 이들을 도울 수 있을지에 대해서 함께 고민했으면 좋겠다. 우리가 잃어버린 공동체를 다시 세울 수 있을 때 우리 사회의 정신 건강도 비로소 회복될 수 있을 것이다.

에필로그

가장 좋은 위로를 위해
필요한 것들

"가장 좋은 위로의 말은 무엇인가요?"

〈유퀴즈〉에서 조세호 씨가 나에게 던졌던 이 질문을 생각보다 많은 분들에게서 받곤 했다. 나도 '위로를 전하는 책을 쓰고 싶다'는 마음으로 이 책의 집필을 시작했기에, 위로의 방법이란 무엇인지 숙고해 보았다.

사실 나는 아직까지도 가장 좋은 위로의 말이 무엇인지는 잘 모르겠다. 하지만 이것만큼은 확실히 말할 수 있다.

좋은 위로는 '너는 그래도……'라는 말로 시작하지는 않는다는 것. 즉, 타인의 고통이나 지금 느끼고 있는 감정을 내 기준으로 함부로 재단하거나, 서로 다른 사람의 고통을 비교하는 일은 경계해야 한다는 것이다. 고통의 무게는 비교 가능한 성질의 것이 아니기에.

하지만 사실 이는 생각보다 많은 사람이 무심코 던지는 위로의 방식이기도 하다. 가령, 우울증을 앓고 있는 사람이 본인의 슬픈 감정에 대해서 이야기하면 "에이, 너는 그래도 몸은 건강하잖아"라고 말한다든가, 아니면 신세 한탄을 하는 친구에게 "그래도 너는 남자 친구(또는 여자 친구)라도 있잖아" 혹은 "너는 적어도 부모님은 건강하시잖아"라고 하는 경우처럼. 물론 대부분이 상대방에게 위안을 주고 싶다는 선한 의도에서 비롯된 말들이다. 하지만 그 말을 듣는 사람은 위로를 받기보다는 도리어 자신의 마음이 이해받지 못한다고 생각하기 쉽다. 그러다 보니 힘든 일이 있어도 자꾸만 숨기고, 가까운 사람에게조차 마음을 내보이지 못한다. 우리가 취약성을 드러내지 못하는 데에는 그러한 요인도 작용하고 있을 것이다.

나는 사회적 연결이 필요하다는 메시지로 이 책을 마무리했다. 다만 사회적 연결이 정신 건강과 공동체 회복에 진정한 도움이 되려면 반드시 필요한 전제 조건이 있다는 걸 나도 알고 있다. '취약성을 약점 잡지 않고 나눌 수 있는 문화' 말이다.

나는 이 책을 쓰는 내내 '위로하고 싶다'는 종전의 메시지를 잊지 않기 위해 애썼다. 그러한 나의 마음이 가닿는 곳은 결국 취약성이었다. 취약성이야말로 우리 사회의 치유제가 될 것이라고 나는 믿는다.

우리는 언제부터인가 가면을 쓴 채 살아가는 데 익숙해졌다. 내 모습을 보여도 이해받지 못할 것 같아서, 취약성을 보이면 약점 잡힐 것 같아서 같은 다양한 이유들로 인해. 그러나 약점을 보이지 않으려 완벽한 양 치장한 채 하루하루를 버티고 나면 오히려 자신감은 떨어진다. 한국인들이 혼자 있는 시간을 좋아하는 것은, 어쩌면 일과 내내 나의 약한 모습을 보이지 않기 위해 애쓰기에 혼자가 되고 나서야 비로소 '진정한 나 자신'일 수 있기 때문은 아닐까. 모두가 취약성을 드러내지 않기 위해 필사적으로 노력하는 틈에서 우리는 서로에게 공명하고 서로를 치유할 수 있는 기회를 계속 놓치고 있을지도 모른다.

그래서 나는 이 책이 우리가 개인의 '취약해질 용기'를 장려하고 그 용기를 받아줄 수 있는 사회로 나아가는 촉매제가 되었으면 좋겠다. 누군가가 취약성을 보이면 이를 약점 잡기보다는 그에 대해 공감해 주고 스스럼없이 함께 대화를 나눌 수 있는 사회. 그럴 때 우리는 스스로에게도 보다 관대해지고, 그만큼 타인의 실수에도 너그러워질 수 있을 것이다. 누군가의 실수에 파괴적인 수치심을 부여해 나락으로 보내기보다는 친사회적 수치심을 바탕으로 함께 회복하는 세상이 되었으면 좋겠다. 그래서 모두 괜찮지 않아도 괜찮을 수 있기를, 각자의 '괜찮지 않음'을 대수롭지 않게 받아들일 수 있게 되기를 바란다. 그런 사회로의 발걸음을 걷기 시작하는 것이 내가 함께 나눌 수 있는 최고의 위로이자, 우리가 다시 앞으로 나아갈 동력이 될 것이다.

이 책이 나오는 데 수많은 분들이 도움을 주셨다. 가장 먼저, 이 책을 함께 만들어간 문주연 편집자님, 한다혜 팀장님, 성기병 팀장님, 배한진 매니저님을 비롯한 다산북스에 감사의 인사를 드린다. 또한 나의 첫 책 『뉴욕 정신과 의사의 사람 도서관』을 사랑해 주신 모든 독자 여러분께 감사 인사를 드리고 싶다. 그분들이 아니었으면 이 책은 세상에 나올 수 없었을 것이다.

마찬가지로 첫 책을 제안해 주시고 함께 만들어주신 도서출판 아몬드의 이은정 대표님께 감사를 드린다. 돌이켜보면 초보 작가의 소박한 책이 세상에 이만큼 알려질 수 있었던 것은 기적과도 같은 일이었다. 그 기적의 마중물이 되어주신 김지수 기자님, 〈세바시〉의 구범준 대표님과 윤성아 작가님, 김현정 앵커님, 김민식 PD님 그리고 〈유퀴즈〉 제작진께 감사의 인사를 전한다. 첫 책이 나온 후 최고의 홍보대사가 되어준 친구들, 거인의 어깨를 빌려준 모든 은사님들, 나에게 아낌없는 컴패션을 베풀어주신 모든 분들께 감사드린다. 나의 가장 큰 지원군인 사랑하는 아내와 딸, 부모님과 가족 모두에게 무한한 사랑을 전한다.

마지막으로, 지금 이 순간 우울증이나 자살 생각으로 힘들어하는 독자가 있다면 당신은 혼자가 아니라는 말씀을,

꼭 주변 사람들과 전문가의 도움을 받으시라는 말씀을 드리고 싶다. 만약 이 책을 보고 단 한 명의 독자라도 용기를 내어 누군가에게 도움을 청할 수 있다면, 그것으로 이 책의 소임은 다한 것이다.

참고 문헌

1장. 불안감에 빼앗겨버린 내 마음의 운전대

Rogers, C. R. (1957), The necessary and sufficient conditions of therapeutic personality change, Journal of Consulting Psychology, 21(2): 95-103.

2장. 트레드밀에서 내려오자 비로소 보이는 것들

Ryan, R. M., & Connell, J. P. (1989), Perceived locus of causality and internalization: examining reasons for acting in two domains, Journal of Personality and Social Psychology, 57 (5): 749-761.

Lilienfeld, S. O., Lynn, S. J., Namy, L. L., & Woolf, N. J. (2010), Social Psychology, Psychology: A Framework For Everyday Thinking, Pearson Education.

Abramson, L. Y., Seligman, M. E., & Teasdale, J. D. (1978), Learned helplessness in humans: critique and reformulation, Journal of Abnormal Psychology. 87 (1): 49-74.

Na, P. J. Tsai J., Southwick S. M. et al. (2022), Provision of social support and mental health in U. S. military veterans, npj Mental Health Res 1: 4.

Brown, S. L., Nesse, R. M., Vinokur, A. D. Smith, D. M. (2003), Providing social support may be more beneficial than receiving it: results from a prospective study of mortality, Psychological Science. 14: 320-327.

3장. 우리는 어떻게 관대해질 수 있을까

Gethard, C. (2020), How will I explain my HBO special to my son?, https://humanparts.medium.com/how-will-i-explain-career-suicide-to-my-son-f4ce98ceea5b.

Woolf, J. (2024), How Pixar fosters a culture of vulnerability at work. Harvard Business Review, https://hbr.org/2024/03/how-pixar-fosters-a-culture-of-vulnerability-at-work.

Woolf, S.H. & Schoomaker, H. (2019), Life expectancy and mortality rates in the United States, 1959-2017, JAMA; 322 (20): 1996-2016.

World Health Organization (2014): Preventing suicide: a global imperative, World Health Organization, Geneva.

Pirkis, J., Spittal, M.J., Keogh, L., Mousaferiadis, T., Currier, D. (2017), Masculinity and suicidal thinking, Social Psychiatry and Psychiatric Epidemiology; 52: 319-327.

Havrilesky, H. (2023), Matthew Perry told the truth about everything, New York Times, https://www.nytimes.com/2023/11/06/opinion/matthew-perry-shame.html.

Baskin, T.W., & Enright, R.D. (2004), Intervention studies on forgiveness: A meta-analysis. Journal of Counseling & Development, 82(1), 79-90.

Wade, N.G., Hoyt, W.T., Kidwell, J.E., Worthington, E.L. Jr. (2014), Efficacy of psychotherapeutic interventions to promote forgiveness: A meta-analysis, Journal of Consulting and Clinical Psychology, 82(1), 154.

Lembke, A. (2022). Dopamine Nation: Finding balance in the age of indulgence, Dutton.

Krueger, A. (2022), Seeking relationship, therapy required, New York Times, https://www.nytimes.com/2022/07/30/style/therapy-dating.html

McCombs, E. (2023), Why is every man on dating apps suddenly 'In therapy'? It might not be a good thing, Huffpost, https://www.huffpost.com/entry/dating-apps-men-therapy_n_6313c074e4b0ed021de88c87.

4장. '지금 이 순간'을 살기 위하여

Kessler, D. (2019), Finding meaning: The sixth stage of grief, Scribner.

김초롱(2023), 『제가 참사 생존자인가요』, 아몬드.

한겨레 21, 한국 심리학회, '자살 사별자의 나라' 기획 보도.

박경임(2023), 『슬픔은 발효 중』, 훈훈.

Jankowiak-Siuda, K., Rymarczyk, K., Grabowska, A. (2011), How we empathize with others: a neurobiological perspective, Medical Science Monitor Basic Research, 17(1):RA18-24.

American Enterprise Institute. (2021), The state of American friendship: Change, challenges, and loss.

Pew Research Center (2020), Survey of U.S. adults conducted July 27-Aug 2, 2020.

PRRI Staff (2020), Dueling realities: Amid multiple crises, Trump and Biden supporters see different priorities and futures for the nation.

Konrath, S.H., O'Brien, E.H., Hsing, C. (2011), Changes in dispositional empathy in American college students over time: A meta-analysis, Personality and Social Psychology Review. 15(2): 180-198.

Holt-Lunstad, J., Smith, T.B., Baker, M., Harris, T., Stephenson, D. (2015), Loneliness and social isolation as risk factors for mortality: A meta-analytic review, Perspectives on Psychological Science. 10:227-237.

통계청 (2024), 1인 가구 비율, https://kosis.kr/statHtml/statHtml.do?orgId=101&tblId=DT_1YL21161&conn_path=I2.

한국청소년정책 연구원 (2024), 청년 빈곤 실태와 자립 안전망 체계 구축 방안 연구 보고서.

마크로밀엠브레인 (2024), 외로움 관련 인식 조사.

Durkheim, É. (1951), Suicide: A study in Sociology. Free Press.

Van Orden, K.A., Witte, T.K., Cukrowicz, K.C. et al. (2010), The interpersonal theory of suicide. Psychological Review. 117(2): 575-600.

대학내일20대연구소 (2021), MZ세대 온라인 커뮤니티 이용 현황.

Roland, M., Everington, S., Marshall, M. (2020), Social prescribing—Transforming the relationship between physicians and their patients, New England Journal of Medicine, 383: 97-99.

Murthy, V. (2023), Our epidemic of loneliness and isolation: The U.S. Surgeon General's advisory on the healing effects of social connection and community.

만일 내가 그때 내 말을 들어줬더라면

초판 1쇄 인쇄 2024년 7월 17일
초판 4쇄 발행 2024년 9월 13일

지은이 나종호
펴낸이 김선식

부사장 김은영
콘텐츠사업본부장 임보윤
기획편집 문주연 **책임마케터** 배한진
콘텐츠사업1팀장 성기병 **콘텐츠사업1팀** 윤유정, 정서린, 문주연, 조은서
마케팅본부장 권장규 **마케팅2팀** 이고은, 배한진, 양지환 **채널2팀** 권오권
미디어홍보본부장 정명찬 **브랜드관리팀** 오수미, 김은지, 이소영, 서가을
뉴미디어팀 김민정, 이지은, 홍수경, 변승주
지식교양팀 이수인, 염아라, 석찬미, 김혜원, 박장미, 박주현
편집관리팀 조세현, 김호주, 백설희 **저작권팀** 이슬, 윤제희
재무관리팀 하미선, 윤이경, 김재경, 임혜정, 이슬기, 김주영, 오지수
인사총무팀 강미숙, 지석배, 김혜진, 황종원
제작관리팀 이소현, 김소영, 김진경, 최완규, 이지우, 박예찬
물류관리팀 김형기, 김선민, 주정훈, 김진진, 한유현, 전태연, 양문현, 이민운
외부스태프 표지 및 본문 일러스트 유수지(@inmyflora) 표지 및 본문 디자인 유어텍스트

펴낸곳 다산북스 **출판등록** 2005년 12월23일 제313-2005-00277호
주소 경기도 파주시 회동길 490
대표전화 02-704-1724 **팩스** 02-703-2219 **이메일** dasanbooks@dasanbooks.com
홈페이지 www.dasan.group **블로그** blog.naver.com/dasan_books
용지 한솔피엔에스 **인쇄** 정민문화사 **코팅 및 후가공** 제이오엘앤피 **제본** 정민문화사

ISBN 979-11-306-5537-6 (03180)